O VERDE E AMARELO DO ARCO-ÍRIS

A AÇÃO POLÍTICA DE HOMOSSEXUAIS CONSERVADORES NO BRASIL

CB018222

Editora Appris Ltda.
1.ª Edição - Copyright© 2024 da autora
Direitos de Edição Reservados à Editora Appris Ltda.

Nenhuma parte desta obra poderá ser utilizada indevidamente, sem estar de acordo com a Lei nº
9.610/98. Se incorreções forem encontradas, serão de exclusiva responsabilidade de seus organizadores. Foi realizado o Depósito Legal na Fundação Biblioteca Nacional, de acordo com as Leis nos
10.994, de 14/12/2004, e 12.192, de 14/01/2010.

Catalogação na Fonte
Elaborado por: Dayanne Leal Souza
Bibliotecária CRB 9/2162

S164v 2024	Salgado, Fernanda Maria Munhoz O verde e amarelo do arco-íris: a ação política de homossexuais conservadores no Brasil / Fernanda Maria Munhoz Salgado. – 1. ed. – Curitiba: Appris, 2024. 159 p. : il. ; 23 cm. – (Coleção PSI). Inclui referências. ISBN 978-65-250-7004-9 1. Consciência política. 2. Conservadorismo. 3. Homossexuais de direita. I. Salgado, Fernanda Maria Munhoz. II. Título. III. Série. CDD – 320.52

Livro de acordo com a normalização técnica da ABNT

Appris
editora

Editora e Livraria Appris Ltda.
Av. Manoel Ribas, 2265 – Mercês
Curitiba/PR – CEP: 80810-002
Tel. (41) 3156 - 4731
www.editoraappris.com.br

Printed in Brazil
Impresso no Brasil

Fernanda Maria Munhoz Salgado

O VERDE E AMARELO DO ARCO-ÍRIS

A AÇÃO POLÍTICA DE HOMOSSEXUAIS
CONSERVADORES NO BRASIL

Appris
editora

Curitiba, PR

2024

FICHA TÉCNICA

EDITORIAL Augusto Coelho
Sara C. de Andrade Coelho

COMITÊ EDITORIAL Ana El Achkar (Universo/RJ)
Andréa Barbosa Gouveia (UFPR)
Antonio Evangelista de Souza Netto (PUC-SP)
Belinda Cunha (UFPB)
Délton Winter de Carvalho (FMP)
Edson da Silva (UFVJM)
Eliete Correia dos Santos (UEPB)
Erineu Foerste (Ufes)
Fabiano Santos (UERJ-IESP)
Francinete Fernandes de Sousa (UEPB)
Francisco Carlos Duarte (PUCPR)
Francisco de Assis (Fiam-Faam-SP-Brasil)
Gláucia Figueiredo (UNIPAMPA/ UDELAR)
Jacques de Lima Ferreira (UNOESC)
Jean Carlos Gonçalves (UFPR)
José Wálter Nunes (UnB)
Junia de Vilhena (PUC-RIO)

Lucas Mesquita (UNILA)
Márcia Gonçalves (Unitau)
Maria Aparecida Barbosa (USP)
Maria Margarida de Andrade (Umack)
Marilda A. Behrens (PUCPR)
Marília Andrade Torales Campos (UFPR)
Marli Caetano
Patrícia L. Torres (PUCPR)
Paula Costa Mosca Macedo (UNIFESP)
Ramon Blanco (UNILA)
Roberta Ecleide Kelly (NEPE)
Roque Ismael da Costa Güllich (UFFS)
Sergio Gomes (UFRJ)
Tiago Gagliano Pinto Alberto (PUCPR)
Toni Reis (UP)
Valdomiro de Oliveira (UFPR)

SUPERVISORA EDITORIAL Renata C. Lopes

PRODUÇÃO EDITORIAL Adrielli de Almeida

REVISÃO Cristiana Leal

DIAGRAMAÇÃO Andrezza Libel

CAPA Kananda Ferreira

REVISÃO DE PROVA Sabrina Costa

COMITÊ CIENTÍFICO DA COLEÇÃO PSI

DIREÇÃO CIENTÍFICA Junia de Vilhena

CONSULTORES Ana Cleide Guedes Moreira (UFPA)
Betty Fuks (Univ. Veiga de Almeida)
Edson Luiz Andre de Souza (UFRGS)
Henrique Figueiredo Carneiro (UFPE)
Joana de Vilhena Novaes (UVA |LIPIS/PUC)
Maria Helena Zamora (PUC-Rio)
Nadja Pinheiro (UFPR)
Paulo Endo (USP)
Sergio Gouvea Franco (FAAP)

INTERNACIONAIS Catherine Desprats - Péquignot (Université Denis-Diderot Paris 7)
Eduardo Santos (Univ. Coimbra)
Marta Gerez Ambertín (Universidad Católica de Santiago del Estero)
Celine Masson (Université Denis Diderot-Paris 7)

AGRADECIMENTOS

À Coordenação de Aperfeiçoamento de Pessoal de Nível Superior – CAPES, pela bolsa de estudos que possibilitou o doutorado na PUC, bem como pelo apoio financeiro para publicação deste livro. O presente trabalho foi realizado com apoio da Coordenação de Aperfeiçoamento de Pessoal de Nível Superior – Brasil (CAPES) – Código de Financiamento 001.

Ao professor Salvador António Mireles Sandoval, pela parceria e o zelo durante o percurso do doutorado. O desenvolvimento da pesquisa foi enriquecido pela delicadeza e acolhida proporcionadas por um orientador generoso e afetuoso, que mobiliza seus orientandos a reverberarem essas qualidades às vezes tão esquecidas no meio acadêmico. Obrigada pela sua confiança e receptividade na condução da pesquisa.

PREFÁCIO

Reajustando lentes e foco para ver melhor

Embora muitas pessoas pensem que coragem é a ausência de medo, histórias infantis há muito insistem que coragem é encontrar boa companhia para seguir em frente, mesmo com medo. Personagens principais em livros, filmes e contos buscam companheiros de viagem inusitados e abrem caminhos rumo ao desconhecido. É isso que Fernanda faz, e convida a leitora a fazer, em *O verde e amarelo do arco-íris*, ao navegar por um universo ainda pouco explorado por pesquisadores, jornalistas e mobilizadores sociais interessados em participação políticas no Brasil.

A escolha de trabalhar com a tradição latino-americana de Psicologia Política deu a ela parceiros de viagem apropriados para reconhecer que esses personagens, homossexuais conservadores, receberam pouca atenção ao longo do tempo e ocuparam uma posição que os marginalizou duplamente por muitos anos: eram conservadores e não se encaixavam nos grupos progressistas, e eram homossexuais e não se encaixavam no campo conservador. Na primeira parte do livro, ela apresenta as transformações que o debates de raça, gênero e sexualidade sofreram dentro da agenda política conservadora, as quais pavimentaram o caminho para que atores políticos da extrema direita no Brasil oferecessem aos gays conservadores o reconhecimento político que lhes havia sido negado.

Por ser psicóloga e estar atenta às histórias que as pessoas contam para si e sobre si mesmas, ela apostou na ideia de que a consciência política é algo que todos temos, e não algo que apenas um grupo possui, enquanto seus adversários não. Ao fazer isso, Fernanda nos lembra que usamos a consciência política que temos para dar sentido às nossas ações no universo das normas sociais e regras institucionais que organizam as arenas políticas analógicas e digitais. Partindo dessa compreensão de consciência, a autora pôde escutar atenta e respeitosamente o que os homossexuais conservadores diziam nas redes e nas ruas e nos apresentar seu trabalho de campo na segunda parte da obra, por meio de quatro personagens ficcionais: Renato, José e Fernando, três homens gays, e Mariana, uma mulher lésbica.

Nas histórias infantis, personagens corajosos costumam também estar investidos de doses de espontaneidade, e com Fernanda não foi diferente. Enquanto se movimentava por temas áridos no debate sobre identidade e sexualidades dissidentes dentro da agenda da direita radical, ela foi espontânea o suficiente para acolher com persistência, candura e empatia as razões subjetivas das ações das pessoas concretas que estudou. O livro de Fernanda nos lembra que essas pessoas têm sonhos, desejos e necessidades e que se organizam politicamente para atendê-los. Isso é algo que, muitas vezes, analistas políticos e cientistas sociais ignoram ao retratar essas pessoas como personagens caricaturais, facilmente manipuláveis e sem capacidade de agência ou autonomia.

A espontaneidade da autora inseriu na agenda um problema interessante para pesquisadores comprometidos com a redução das iniquidades, como eu. O texto sublinha em ato, quase como um psicanalista, uma certa desproporção entre estima e depreciação, respeito e desdém, análise e denúncia na forma como estudos sobre participação política são conduzidos. Explico. Tradicionalmente, quando estudamos movimentos sociais defensores de agendas que nos parecem fundamentais para construção do futuro que acreditamos ser necessário para o país, tendemos a louvar as estratégias adotadas, a ser respeitosos com nossos sujeitos de pesquisa e a ser muito cuidadosos nas teorias e unidades de análises que usamos. No entanto, ao examinar aqueles cujas agendas consideramos perigosas para a democracia, a equidade entre as gerações e a sustentabilidade da vida humana na Terra, nossa abordagem muitas vezes se torna depreciativa, e evoca teorias e unidades de análise desdenhosas com as razões e a complexidade das pessoas envolvidas.

Espero que a leitora termine o livro com a sensação de ter aprendido muito sobre a ação política de homossexuais conservadores no Brasil. E torço ainda mais para que, assim como ela me convenceu, Fernanda também te convença de que a compreensão de fenômenos políticos do nosso tempo exige disponibilidade emocional e intelectual para mudar de posição, a fim de observá-los melhor.

Agosto de 2024.

Dr. André Sales
PUC/SP – Brasil
York University/ON – Canadá

SUMÁRIO

INTRODUÇÃO 11

PARTE I
TECITURAS TEÓRICAS

CONSERVADORISMO À BRASILEIRA 17

OS "BONS COSTUMES" E SUAS RELAÇÕES COM GÊNERO, RAÇA E SEXUA-
LIDADE...25

Novos ideários, velhas estruturas raciais... 25

Modulações das políticas de gênero e sexualidade................................... 29

AFETO E POLÍTICA...35

Estratégias de poder e a força dos afetos 35

Desejo e interesse.. 39

Medo, desamparo e ressentimento 40

Ressentimento como mobilizador da militância política 42

O QUE É CONSCIÊNCIA POLÍTICA?..49

Definindo consciência política 49

O modelo de consciência política 51

O uso do modelo para estudos sobre o conservadorismo 57

PARTE II
UM CAMPO EM MOVIMENTO

RELATOS DOS CAMINHOS SINUOSOS DE UMA ETNOGRAFIA DIGITAL/
ANALÓGICA..63

Desvendando a etnografia nas mídias digitais....................................... 64

Primeiros passos no ambiente digital... 69

Mapeamento dos perfis e a virada analógica 71

Renato, 32 anos, gay 73

José, 26 anos, gay 74

Mariana, 29 anos, lésbica 75

Fernando, 27 anos, gay 77

Observações nas manifestações de rua 79

A CONSCIÊNCIA POLÍTICA EXPRESSA NOS MATERIAIS DE CAMPO 81

Dinâmicas dos perfis no Instagram .... .81

Dinâmicas das entrevistas .... .101

Dinâmicas nas manifestações de rua .... .118

ANÁLISE DO ENGAJAMENTO POLÍTICO DE HOMOSSEXUAIS DE DIREITA 133

O fenômeno .... .133

Perfis individuais e coletivos 138

A militância 144

ALGUMAS REFLEXÕES 149

REFERÊNCIAS 153

INTRODUÇÃO

O cenário em que se "inaugura" o tema deste livro se "desenhou" no primeiro ano de meu doutorado, durante minha participação como mediadora de uma mesa em um colóquio sobre Psicologia Política, em que os palestrantes tinham posições políticas e ideológicas divergentes.

Minha função como mediadora era trazer questionamentos disparadores de discussões a partir das colocações de cada palestrante e organizar as perguntas da plateia. Naquele dia, a primeira a falar foi a palestrante com posicionamentos políticos mais conservadores e alinhados com uma agenda política de direita. De todos os seus posicionamentos, o que mais me chamou atenção foi a defesa enfática da manutenção da gravidez como uma solução mais eficaz que o aborto legal. Ficou nítido o desconforto da plateia, majoritariamente de esquerda, acompanhando a apresentação. Já perto do encerramento de sua fala, a palestrante que viria em seguida me alertou em voz baixa que iniciaria sua apresentação fazendo críticas à primeira exposição, como a me preparar para o que poderia acontecer.

A convidada, então, confrontou os posicionamentos trazidos na primeira apresentação, ao que a plateia reagiu com tons de aprovação. Os ânimos foram esquentando entre os participantes do encontro, e, como mediadora, tive que pedir a tradicional "questão de ordem" para que pudéssemos dar prosseguimento aos trabalhos. Porém, percebi-me impactada pela cena, não só pelo breve caos que rapidamente se reorganizou naquele encontro, mas principalmente por conta do discurso conservador da primeira palestrante. Foi o primeiro contato que tive com esse público, com seus valores e crenças. Defrontar-me com o discurso conservador, com suas características tão explícitas, trouxe sentimentos antagônicos, que a princípio eram bem parecidos com a indignação expressa pelo público que assistia à palestra naquele momento, mas, por outro lado, me instigavam também certa curiosidade. Talvez tenha sido naquele momento que saí de minha zona de conforto político para fazer o exercício de disponibilizar minha escuta a ideários políticos tão estrangeiros a mim.

A partir daquele momento, comecei a ficar bastante interessada em conhecer quem seriam os sujeitos que, para além daquela palestrante, compartilhavam daqueles valores e crenças. Haveria diferenças entre suas histórias de vida? Em relação às dimensões de gênero e sexualidade, será que todos seriam heterossexuais? Pouco a pouco, fui aprofundando e ampliando as questões, em busca de maior compreensão do fenômeno que se apresentava: *será que existem conservadores homossexuais? Se existem, como eles se organizam politicamente? Será que eles têm algum grupo para se articular e promover uma participação política?* Ao colocar tais questões, me deparei com respostas do tipo: *são todos fascistas... essa gente tem sempre o mesmo perfil... deve ser síndrome de Estocolmo... são todos ignorantes... não tem consciência política...* Essas respostas não me convenciam, ainda que fossem a maioria. Eram rasas, nada exploratórias e ignoravam a magnitude da ascensão de uma agenda política conservadora que vivíamos (e vivemos) no Brasil.

Ainda assim, uma das respostas, ouvida com frequência sobre o engajamento político de homossexuais de direita, me chamou atenção: *eles não têm consciência política*, expressando uma incongruência no apoio a uma agenda política com histórico de discriminação e preconceito para com este público. No entanto, balizada pelos estudos sobre consciência política de Salvador António Mireles Sandoval (2001), tinha claro que tal afirmação era vazia e pouco reflexiva, pois, segundo coloca o autor, a consciência política se forma e se expressa numa dinâmica entre "dimensões psicológicas e sociais interrelacionadas de significados e informações que permitem aos indivíduos tomarem decisões sobre o melhor curso de ação dentro de contextos políticos e situações específicas" (p. 185). Portanto, argumentar uma ausência de consciência política não condizia com a realidade da proliferação de perfis na internet com conteúdo político produzido por homossexuais conservadores, compartilhando postagens e engajando cada vez mais seguidores.

Assim, entendi que, se quisesse respostas mais complexas para minhas perguntas, era preciso alargar minha escuta, acessando os espaços nos quais as narrativas ideológicas da direita eram reconhecidas e acolhidas; precisava, portanto, "furar a bolha".

A partir de uma investigação extensa e acompanhamentos de perfis nas redes sociais, análise de reportagens de jornais e revistas virtuais, participação em manifestações de rua e entrevistas semiestruturadas, apresento algumas reflexões acerca dos elementos que constituem a consciência política de gays e lésbicas conservadores e de como as pautas identitárias de gênero e sexualidade foram instrumentalizadas para o avanço das agendas políticas de direita e extrema direita. A pergunta que eles trazem à tona é: *quem disse que todo homossexual precisa ser de esquerda e quem disse que a gente não se engaja politicamente?* Esse grupo desafia a agenda política dos movimentos de gênero e sexualidade historicamente vinculados ao campo progressista, disputando a hegemonia da identidade política de homossexuais. A ideia de identidade política dessa população foi significativamente influenciada pelas conquistas sociais dos coletivos progressistas, restringindo sua expressão no senso comum a esse espectro político, portanto há um conflito entre uma identidade política de homossexuais, historicamente construída e representada pelos movimentos sociais de gênero e sexualidade do campo político progressista e uma identidade política desse mesmo público que se politiza e se coletiviza a partir de uma agenda conservadora.

Ao longo deste livro, tendo essa conflituosidade como motivo, apresentarei alguns personagens dessa trama real, advindos da extensa pesquisa realizada nos anos de 2021 e 2022. Os protagonistas nos contam quem são e quais são seus anseios, experiências, redes de apoio e trajetórias políticas caracterizando um panorama geral da participação e do engajamento político de homossexuais conservadores na arena política brasileira, revelando a formação de uma consciência política intimamente alinhada com a agenda de extrema-direita vigente no país.

É bem sabido que os últimos anos recolocaram de vez a extrema direita na arena política mundial. No Brasil, ainda que sua derrota nas urnas tenha se efetivado nas eleições presidenciais de 2022, o legado deixado pela presença de quatro anos da extrema direita na política institucional brasileira é forte e permanece altamente competitivo no campo político, exigindo considerações mais atenta por parte da esquerda que redesenhem as perspectivas sobre a direita no país, em vez de simplesmente desprezá-la. Nessa perspectiva, os textos aqui presentes revelam a urgência e importância de rompermos concepções predeterminadas sobre as identidades políticas de homossexuais, bem como buscam servir de ponto de atenção para articulações mais precisas e estratégicas na preservação de uma arena política democrática.

PARTE I

TECITURAS TEÓRICAS

CONSERVADORISMO À BRASILEIRA

Os estudos sobre comportamento autoritário, conservadorismo e retóricas reacionárias são recorrentes, desde o início do século XX, na história ocidental, e boa parte deles se debruça sobre o nazismo e o fascismo. Entretanto, é equivocado afirmar que esses exemplos de radicalização figurados por grupos políticos de direita tenham ficado restritos e isolados após a Segunda Guerra Mundial. A partir dos anos 1980, as mudanças nas circunstâncias socioeconômicas abrem oportunidades para a articulação de grupos políticos de direita radical considerados "extintos", a priori.

No que diz respeito aos interesses que enquadram a vida material, as explanações de Melinda Cooper (2017) sobre a relação entre o neoliberalismo e o neoconservadorismo desenham a dinâmica que organiza a agenda política da extrema direita na atualidade. A autora afirma:

> Enquanto os neoliberais clamavam por uma redução contínua nas alocações orçamentárias dedicadas ao bem-estar [...] os neoconservadores endossavam um papel cada vez maior do Estado na regulação da sexualidade. Apesar de suas diferenças, no entanto, neoliberais e neoconservadores convergiram para a necessidade de reinstalar a família como fundamento da ordem social e econômica. (Cooper, 2017, p. 49, tradução nossa).

Para Cooper (2017), a parceria entre neoliberalismo e neoconservadorismo, que se iniciou em meados da década de 1970, buscou enfrentar os movimentos que lutavam por uma nova distribuição de recursos e que se opunham às desigualdades econômicas características do liberalismo moderno industrial. Tendo como foco a família, a dinâmica dessa relação entre neoliberalismo e neoconservadorismo busca delegar o poder do Estado aos conservadores para atuarem na privatização das responsabilidades familiares. Ou seja, o Estado controlaria o âmbito privado das famílias trazendo incentivos, como multas ou recompensas, para que a família performasse seus papéis tradicionais. Assim, o neoliberalismo atinge seu objetivo de organizar um livre mercado que se equilibra naturalmente, e os conservadores detêm o aparato do Estado para policiar o âmbito privado da estrutura familiar, atribuindo o motivo de sua ascensão ou fracasso aos indivíduos.

Ainda que, no âmbito dos direitos legais regulados pelo Estado, existissem barreiras impostas pelo conservadorismo, mediante suas disponibilidades econômicas, os grupos sociais historicamente invisibilizados começaram a encontrar no mercado a oportunidade de serem reconhecidos. No entanto, os efeitos dessa ampliação da diversidade de segmentos atendidas pelo mercado implicaram diretamente a agenda política conservadora, convocando sua transformação em termos programáticos e ideológicos para que suas crenças e seus valores não atrapalhassem o projeto neoliberal. Portanto, a ascensão contemporânea da extrema direita não é uma revivência do fascismo ou do nazismo da primeira metade do século XX, pois eles não tinham um projeto de sociedade balizados pelo recorte neoliberal contemporâneo. Trata-se de uma nova forma de radicalização de grupos de direita, que se adaptou muito bem às transformações econômicas e socioculturais da sociedade ocidental.

João Gabriel Vieira Bordin (2016) afirma que a atual extrema direita radicalizada não pode ser identificada como uma política de protesto ou isolada em apenas um aspecto, pois o comportamento político que pressupõe sua agenda vai muito além de sentimentos de insatisfação com atores políticos comuns e com as instituições. Seu projeto de sociedade oferece aos seus apoiadores soluções que até o momento eles não haviam encontrado. Portanto, o autor aponta para o protagonismo da extrema direita atual dentro dos sistemas políticos vigentes e a habilidade de mobilizar seus apoiadores.

Já no Brasil, é preciso resgatar alguns elementos históricos que nos revelam elementos peculiares, pouco convencionais e muitas vezes contraditórios. Entretanto, é importante considerá-los estruturantes na formação da cultura do Brasil a fim de compreender a expressão de um conservadorismo "à brasileira" — proposta deste livro.

A lógica escravocrata instituída por Portugal, que perdurou institucionalizada durante mais de três séculos, desde o início da colonização em 1500 até o próximo do final do Império no Brasil, com a Lei Áurea, em 1888, foi o dispositivo principal para materialização do pensamento conservador no Brasil (Silva, 2017).

A herança da tradição portuguesa, de um conservadorismo fidalgo, almejado por uma burguesia que começava a surgir com ares revolucionários, mas ainda muito atenta a contemplar as crenças e os valores de uma nobreza feudal preexistentes, emula o conservadorismo na cultura brasileira e traz uma dualidade singular a ele: ser adepto de um liberalismo burguês e ao mesmo tempo escravocrata.

Alexandro Dantas Trindade (1997, p. 304) atribui esse fenômeno, que caracteriza o conservadorismo brasileiro, a uma cisão apenas parcial com a lógica de uma sociedade feudal e/ou absolutista, dominante na Europa, e a escravidão foi o que sedimentou tais representações no ideário político brasileiro. A ausência de uma participação efetiva da sociedade civil diante de um Estado forte e estruturado, a crença na "democracia racial" como um aspecto basilar da personalidade brasileira e a ideia de uma história sem processos de ruptura, que atribui a condição de um "povo pacífico", entre outros elementos, participam de uma composição ideal tanto para agenda conservadora quanto para agenda liberal.

Ainda influenciado pela época áurea das explorações marítimas portuguesas, em que se observava um novo sistema mercantilista e a decomposição do sistema feudal, a nobreza lusitana que veio para o Brasil trouxe consigo valores fortemente arraigados nesse cenário: o preconceito em relação ao trabalho braçal, legitimado pela Igreja e pelo império português (Mercadante, 2003). Sérgio Buarque de Holanda (1971) já salientava essa característica, exemplificada na preferência portuguesa na colonização do Brasil ser basicamente rural, associada ao desinteresse no desenvolvimento do país. Ainda que os processos de colonização pudessem convocar transformação da classe social em Portugal, essa nova nobreza que se formava em terras brasileiras se espelhava nas elites feudais lusitanas, não permitindo a ascensão de novos valores, sendo essencialmente conservadora (Holanda, 1971).

Desse modo, Paulo Mercadante (2003) afirma que a conciliação é o principal marcador do conservadorismo brasileiro. Dentre inúmeros exemplos, o autor comenta:

> No período de formação nacional, que alcança os últimos anos do século passado, a mentalidade conservadora brasileira haveria de distinguir-se da europeia por suas singulares feições conciliatórias. Trazendo em seu espírito o reflexo das faces mercantil e feudal do domínio, teve a intelligentsia nacional que conciliar também o liberalismo econômico e o instituto da escravatura, procurando ajustá-los à realidade do país. (Mercadante, 2003, p. 7).

O compromisso com a manutenção da escravatura e com o liberalismo econômico é salientado por Mercadante (2003) como um fenômeno *sui generis* da história brasileira, e que estrutura sua cultura política até os tempos atuais.

Juremir Machado da Silva (2017) assevera essa ambivalência cultural brasileira em seu livro *Raízes do Conservadorismo Brasileiro*, no qual apresenta inúmeras reportagens publicadas, ao longo do século XIX, sobre os dilemas entre abolicionistas, escravocratas e escravizados.

A disputa entre os abolicionistas e as estruturas do Império escravocrata do país assolava as estruturas do sistema então vigente e do conservadorismo de modo geral, revelando a ambivalência de valores entre ambos. Nesse sentido, Silva (2017) apresenta algumas falas do senador, na época, Paulino de Sousa sobre as diversas leis de libertação dos escravos, revelando o sentimento de "desamparo" relatado pelas elites escravocratas brasileiras. Em suas críticas obstinadas ao fim da escravidão, o senador fazia discursos reacionários, alertando para os resultados catastróficos da abolição, no qual milhares de pessoas seriam expostas à miséria, à orfandade e ao abandono, visto que até então os escravizados eram "acolhidos e protegidos" por seus proprietários. Outro apelo do senador era a reivindicação dos escravocratas por indenização do Estado pelo "prejuízo" advindo do fim da escravidão (Silva, 2017, p. 28).

No entanto, autor chama atenção para uma notícia retirada do jornal *Diário do Maranhão*, escrita dias após a abolição da escravatura, na qual é possível constatar indícios de um modesto início de conciliação entre abolicionistas e escravocratas. Em algumas páginas do jornal, ainda se ovacionava o fim da escravidão, mas, ao mesmo tempo, já se cobrava das autoridades a criação de regulamentações que repreendessem a "vagabundagem e a ociosidade". Reivindicavam-se leis que impusessem a ordem e funcionassem como disciplinadoras de negras e negros libertos.

> Centenas de indivíduos sem ofício, e que terão horror ao trabalho, entregando-se por isso a toda sorte de vícios, precisam ficar sob um rigoroso regime policial para assim poderem ser mais tarde aproveitados, criando-se colônias, para as quais vigore uma lei, como a que foi adotada na França, recolhendo a estabelecimentos especiais os vagabundos, sujeitando-os à aprendizagem de um ofício, ou da agronomia, para que mais tarde o país utilize bons e úteis cidadãos. (*Diário do Maranhão*, 1888 *apud* Silva, 2017, p. 21).

Ressalta-se aqui o aceite da abolição pelas elites conservadoras dominantes, mesmo que a contragosto. Porém, essas elites permanecem detentoras das condições para o estabelecimento dessa liberdade. Portanto, no Brasil, o perfil conciliatório entre posições políticas ambivalentes se faz na permanente manutenção do discurso escravagista emulado conforme o cenário, mas como valor estruturante do conservadorismo da cultura brasileira até os dias atuais.

Nesse sentido, o cenário atual da política brasileira nos convida a novas análises sobre esses fenômenos, visto que os influenciadores de sua agenda se autodeclaram simpatizantes de uma ideologia conservadora. Comentei brevemente as profundas ligações das raízes do conservadorismo brasileiro com o passado colonial escravocrata do país, sendo possível identificá-lo atuando como viés ideológico na agenda política brasileira ao longo de toda sua história. Entretanto, Esther Solano *et al.* (2018) apontam para uma reinvenção da nova direita do país com modulações peculiares, mas que contam com a maioria dos requisitos identificados em uma ideologia conservada, com comportamentos autoritários e políticas reacionárias, tão estudados por diversos autores que se aprofundaram nestes fenômenos.

Davis Moreira Alvim e Izabel Rizzi Mação (2020) apontam que o início do século XXI no Brasil foi marcado por intensas e turbulentas tramas de resistência que mobilizaram individualmente e coletivamente os brasileiros, dando abertura ao pensamento político e à formação de sua consciência, consequentemente agitando e polarizando cada vez mais a atmosfera política do país.

Ressalta-se que, na qualidade de estratégia política, a polarização surge nos contextos de crises socioeconômicas com o objetivo de mobilizar sentimentos de ameaça e desamparo, identificando e responsabilizando os atores políticos por essa ameaça. Por ser um processo que simplifica a política, limitando-a a apenas duas escolhas para o público, a polarização estabelece blocos políticos cada vez mais ambivalentes e fixos. Jennifer McCoy e Murat Somer (2021) enfatizam os efeitos nocivos para a democracia, fruto dessas condições, que separa o eleitorado em grupos rivais. Ademais, o efeito da crise socioeconômica pode ser proposital. O populismo autoritário não procura liberdade, acolhimento, meritocracia ou outro viés ideológico. O objetivo geral é mobilizar medo e desamparo para gerar o ressentimento que mobiliza suas bases a lutar contra um "inimigo".

O maquinário polarizado da política brasileira vem sendo modulado para fazer circular determinadas crenças e valores por meio de grandes narrativas, que hoje disputam a subjetividade nacional. Valendo-se de mensagens carregadas de enunciados como recessão econômica, problemas de segurança pública e corrupção, orquestrou-se a imagem de um país mergulhado em violência, imoralidades e depravação. Moreira Alvim e Rizzi Mação (2020) consideram os efeitos da polarização no Brasil sintomáticos, mas não estruturantes da sociedade brasileira, sendo necessário compreender os interesses e objetivos dos atores políticos que compõem a conjuntura atual no país em face dessa polarização.

Angelo Girotto Neto (2020) afirma que há três pontos basilares históricos na realidade brasileira no que diz respeito ao fenômeno contemporâneo da onda conservadora: 1) a tensão da legitimidade nas democracias liberais, enfatizada a partir de 1970 com o ascensão ao poder, em diversos países, de um novo populismo de direita, que no Brasil se desdobra nas manifestação de 2013; 2) a polarização personificada na figura de dois partidos políticos (Partido da Social Democracia Brasileira – PSDB e Partido dos Trabalhadores – PT), com revezamento de poder entre ambos, que sucumbe efetivamente a partir de junho de 2013, encontrando limites para seguir representando um consenso social; 3) o sentimento de desamparo experimentado pela sociedade, que gerou uma crise de legitimidade e capacidade, diante de seus representantes políticos, em resolver problemas socioeconômicos. Os efeitos desses três aspectos resultaram na perda da relevância dos partidos tradicionais da direita brasileira e possibilitaram a ascensão de um novo conservadorismo, tendo seu principal vetor de força centrado na figura do então presidente Jair Messias Bolsonaro (Girotto Neto, 2020).

Nesse sentido, o bolsonarismo como movimento político representa a força aglutinadora do novo conservadorismo brasileiro, disputando narrativas mediante um populismo autoritário e de retórica reacionária. Entretanto, ainda que a estratégia militante de agir em grupo visando à derrota de um suposto inimigo seja o combustível principal na mobilização bolsonarista, chama atenção o fato de que uma parcela de apoiadores do movimento seja de identidades historicamente depreciadas na biografia política do presidente. Girotto Neto (2020) comenta que, em diversos episódios, como político profissional, Jair Bolsonaro proferiu ataques cotidianos contra minorias políticas, tais como homossexuais e ativistas dos direitos humanos. Porém, na diversidade que compõe a massa bolsonarista, há grupos específicos que se autodesignam gays, lésbicas e até transexuais, que demonstram publicamente seu apoio ao presidente, mesmo sendo questionados pelo histórico de ofensas proferidas por Jair Bolsonaro contra estas identidades sexuais e de gênero.

Essa é uma das razões pelas quais se considera que a direita no Brasil se emulou conforme as necessidades da disputa pelo poder. Os aspectos identitários não hegemônicos, que historicamente eram excluídos das agendas conservadoras tradicionais, começaram a ser representados por mulheres, negros e homossexuais conservadores, que ganharam visibilidade e representatividade para compor a performance de um populismo de direita na atualidade.

A complexidade e a pluralidade do comportamento político conservador atualmente no Brasil, em suas expressões autoritárias e reacionárias, fazem da psicologia política um campo de conhecimento estratégico para analisar estes fenômenos, bem como para investigar os aspectos psicossociais que formam a consciência política de indivíduos e grupos conservadores.

A seguir, discuto as intersecções entre raça, gênero e sexualidade como marcadores sociais em disputa no campo político.

OS "BONS COSTUMES" E SUAS RELAÇÕES COM GÊNERO, RAÇA E SEXUALIDADE

Gênero, raça e sexualidade são conceitos disputados pelas novas formas de autoritarismo na contemporaneidade. Nessa toada, a reivindicação de liberdade individual, em um contexto neoliberal, absorve os conceitos de identidade, mas os aliena de seus aspectos estruturais, dando aval para mobilizações autoritárias se apropriarem de definição no âmbito público, abrindo caminho para o mercado tornar essas identidades consumíveis e monetizáveis no âmbito privado. Percebe-se, portanto, a importância de analisar a relação entre os debates de gênero, raça e sexualidade, o papel dos aspectos econômicos e o uso desses conceitos como geradores de comportamento político, tanto individual quanto coletivamente.

A proposta aqui é, portanto, refletir sobre esses conceitos de maneira interseccional, a fim de organizar as principais definições que nos permitem compreender suas funcionalidades políticas como estratégia da extrema direita contemporânea no Brasil.

Novos ideários, velhas estruturas raciais

Compreender as modulações de poder organizadoras da vida em sociedade, que historicamente privilegiaram a existência de determinados grupos em detrimento e exclusão de outros, implica um olhar atento às estruturas de disciplinarização e controle da vida social.

O termo raça perpassa o modo pelo qual foi utilizado ao longo da história e as circunstâncias por detrás deste uso. Por essa razão, Silvio Almeida (2019) salienta a importância de considerar as contingências, os conflitos, as relações de poder e as decisões que foram dando forma ao conceito de raça nas estruturas da vida social.

A cultura renascentista legitima um ideário filosófico que sedimentaria o homem europeu como homem universal. Surgiria aí a importância de conceituar raça, já que aqueles que não advinham dessa linhagem eram vistos como variações menos evoluídas do ser humano. A partir das ideias iluministas, constituíram-se as ferramentas que viabilizaram comparar e categorizar os mais diferentes tipos de grupos humanos, tendo como critério diversos aspectos físicos, psíquicos e culturais, devidamente hierarquizados para identificar o "civilizado" e o "primitivo".

Nesse movimento civilizatório, feito em nome do ideário iluminista, o colonialismo surge legitimado pelos europeus em nome da razão, deixando nos povos colonizados um histórico de destruição, exploração e aviltamento, mimetizado em um projeto de universalização da "verdadeira civilidade", a europeia. Como exemplo, o autor cita a Revolução Haitiana para contrapor ao projeto liberal-iluminista almejante da igualdade entre os homens e o reconhecimento de todos as pessoas como seres humanos. Ressalta a contradição dos defensores liberais que observavam com receio a Revolução Haitiana, pondo empecilhos econômicos e sociais à antiga colônia, que até os tempos atuais colhe os efeitos daquela tentativa de reivindicação de liberdade. Tal constatação serve para questionar a definição liberal de liberdade, posto que ela expressa sua real concepção diante do exemplo de insurgência haitiano: a limitação da ideia de liberdade sempre restrita ao homem branco europeu.

Almeida (2019) também diz da transformação do colonialismo no século XIX que embasará o conceito de raça na ciência. A partir de modelos explicativos advindos das ciências naturais, que estruturaram o racismo científico, as características biológicas e ambientais foram instrumentalizadas para explicar as diferenças morais, psicológicas e intelectuais entre as raças e, por consequência, a desvalorização das raças não brancas. Nesse sentido, o neocolonialismo, que surge no final do século XIX, fruto da primeira grande crise do capitalismo, se estrutura ideologicamente para argumentar as invasões do território africano naquele período pelas grandes potências mundiais, embasando-se no discurso de inferioridade racial e no subdesenvolvimento dos povos colonizados.

Cabe ressaltar aqui a existência de um poder político dependente do racismo, que se explica por haver um fluxo sistêmico de discriminação organizador da vida em sociedade. Os mecanismos de manipulação dos sentidos sobre o termo "racismo reverso" são um exemplo. A palavra "reverso" demonstra a indicação de que há a inversão de algo, pois, nesse sentido, o racismo contra grupos minorizados — negros, índios, judeus etc. — seria algo normal, mas o preconceito contra brancos, não. O recurso da vitimização deflagra a reação de posicionamentos conservadores ao perceberem o questionamento de seus valores e crenças societais, bem como a perda de alguns privilégios, mesmo que apenas num nível simbólico.

O autor pontua que a caracterização do racismo como processo político passa tanto pelo poder do Estado em regular um sistema de organização do racismo na vida social quanto pela capacidade da dimensão ideológica em manter a coesão social sobre o assunto. Assim, a produção de narrativas fortificadas pelo Estado é crucial para a criação de um imaginário social, sendo função das instituições sociais propagá-las e mantê-las, fazendo a manutenção do controle social.

No entanto, as facetas do racismo contemporâneo são outras e mais mimetizadas no cotidiano. O controle do poder e da manutenção ideológica das raças adquire requintes complexos, passando pela necessidade de enquadramento do grupo discriminado num entendimento de humanidade que possa ser controlado. Aqui, percebe-se uma importante característica das estratégias de manutenção da lógica hegemônica que busca conservar as explicações eurocentradas sobre a definição das raças, muito utilizada por grupos conservadores e reacionários na atualidade. Em vez de buscar a eliminação de uma cultura oposta, passa-se a determinar *qual será seu valor e seu significado*.

Para explicar esse fenômeno, Michael Hardt (2000) usa o conceito foucaultiano de biopoder a fim de definir um novo fluxo de poder dentro do que chama de "sociedade de controle". Segundo o autor, a nova ordem mundial se executa pela forma de poder que tem como objetivo o controle da natureza humana. Para isso, a demarcação do poder rompe com a lógica dos tradicionais muros que as instituições erguiam para evidenciar a marcação de territórios (concretos ou simbólicos) e inaugura a fusão da percepção do dentro e do fora que anteriormente se antes encontrava claramente.

As consequências dessa nova ordem mundial, segundo o autor, são identificáveis no esgotamento das instituições, no esvaziamento dos espaços públicos e das formas tradicionais de organização social e, portanto, da própria política, já que mesmo a política liberal moderna desaparece em decorrência da intensa privatização da vida social.

Nesse sentido, mesmo que certas práticas específicas do racismo tenham entrado em declínio em decorrência do fim da lei do apartheid na África do Sul e de outras ações civis e institucionais ocorridas ao longo do século XX, Hardt (2000) compreende que o racismo não foi extinto. O autor explica que tal sensação de declínio advém das novas formas e estratégias de atuação do racismo na contemporaneidade.

Para Hardt (2000), há uma mudança na teoria do racismo, que passa de uma fundamentação pautada na biologia para uma teoria racista baseada na cultura. O construtivismo social rompe com o determinismo biológico na diferenciação das raças para afirmar a constituição destas pelas forças sociais e culturais, cabendo à cultura assumir o papel da biologia na manutenção do racismo. Ainda que haja uma certa fluidez e flexibilidade na cultura, constatadas pelas suas mudanças históricas, Hardt (2000) afirma que há um limite para essa volatilidade; em última instância, as diferenças culturais e suas tradições são intransponíveis. Nesse sentido, o racismo cultural é híbrido, tendo a capacidade de se expressar antirracista no campo biológico, mas mantendo-se atento ao objetivo de conservar os princípios tradicionais da segregação racial. Portanto, o racismo contemporâneo está paradoxalmente estruturado na teoria da preservação da raça.

Ora, se o conservadorismo se estrutura tanto na força de seus argumentos quanto na disposição da materialidade de seus recursos, este último também servirá para excluir ou limitar a existência daqueles que apresentam posições opostas, em todos os níveis da experiência humana (Almeida, 2019). Assim, no que concerne à raça, o conservadorismo contemporâneo não usa mais como estratégia primeira de poder a afirmação literal e disciplinadora de sua superioridade, mas busca ter o domínio de nomear e controlar todas as culturas não brancas como "exóticas". O racismo cultural opera liberando o consumo de culturas não brancas, inclusive incluindo-as, porém numa estratégia de inclusão diferencial, numa demonstração contínua de engajamento da alteridade e de proximidade entre as raças. Contudo, os limites culturais dessa suposta fluidez escondem a estrutura de segregação racial atuando fortemente na sociedade contemporânea. Essa exclusão não opera em termos absolutos, mas sempre com diferenças de grau, o que leva à submissão ao regime das práticas cotidianas, tornando-a mais flexível e volátil, porém com hierarquias rígidas e potentes.

Portanto, a definição de raça foi e ainda é um elemento essencialmente político, passando por transformações e adaptações ao longo da história, todavia mantendo-se instrumentalizado como tecnologia do colonialismo europeu para a manutenção de poder perante os demais povos e grupos sociais. Entretanto, observam-se similaridades no uso dessa lógica também nos campos de gênero e sexualidade, no qual as estratégias de centralização do poder vão aprofundar as dimensões ideológicas na supremacia da masculinidade e na cis-heteronormatividade, dando materialidade a essa dominação na vida social.

Modulações das políticas de gênero e sexualidade

De modo similar aos estudos teóricos de raça, a compreensão da construção social de gênero das teorias desenvolvidas em meados da década de 1970, influenciadas pelos movimentos de militância feminista, também trouxeram reflexões significativas para novas concepções de experiências de gênero e sexualidade.

No que concerne aos estudos sobre masculinidade, Raewyn Connell (1995) a definiu como uma posição simultânea entre as relações de gênero, em que se identificam os comportamentos e as práticas nos quais homens e mulheres se localizam e refletem os efeitos disto em seus corpos, personalidades e cultura. As ideias associadas ao conceito de gênero começavam, então, a apresentar uma produção disruptiva diante de estudos ainda influenciados por uma definição binária, associada a uma visão biológica de sexo restrita a macho e fêmea, que não exploravam esclarecimentos mais complexos sobre a dominação da masculinidade nas relações de gênero.

O conceito de masculinidade hegemônica possibilitou não só uma compreensão mais ampla acerca dos estudos sobre homens, mas também reflexões relativas às relações de poder e hierarquia entre os homens. Na década seguinte, Connell e Messerschmidt (2013) publicaram um apanhado de estudos sobre o tema buscando esclarecer fenômenos contemporâneos sobre poder e liderança política, violência pública e privada, mudanças nas concepções de família e vivências da sexualidade.

Conforme argumentam os autores, o uso da palavra hegemonia surge associado à masculinidade com ênfase na definição dada por Antonio Gramsci[1], no intuito de compreender o gênero ligado às relações de classe. Todavia, mesmo antes dos estudos de gênero como constructos sociais, já havia trabalhos sobre o "papel sexual do homem" que se aproximavam de um reconhecimento da natureza social da masculinidade, o que viabilizaria transformações sociais no comportamento dos homens.

---

[1] Gruppi (1978) afirma que o conceito de hegemonia em Gramsci diz respeito à capacidade de edificar a base social do Estado proletário. Ou seja, a hegemonia do proletariado acontece na sociedade civil trabalhando a conscientização das massas através da luta política.

Os autores apontam ainda que a explosão de estudos desenvolvidos a partir dos anos 1970 traz críticas à teoria dos papéis, questionando o resultado homogeneizado do conceito de papel e suas problemáticas para compreender as relações de poder.

Nesse sentido, a ideia de masculinidade organizada de maneira hierárquica começa a tomar forma já nas primeiras mobilizações de liberação gay. Tais questionamentos sobre as vivências da sexualidade levaram a uma complexa análise sobre a opressão do homem não heterossexual pelo homem da masculinidade "ideal", ampliando a ideia de opressão masculina que antes se limitava à submissão da feminilidade (Connell; Messerschmidt, 2013).

De outra parte, os aprofundamentos de pesquisas sociais empíricas acerca do tema evidenciaram a pluralidade das masculinidades, entendendo-as como construções de gênero complexas para os homens, além de jogar luz à busca incessante por dominância. Cada sociedade define um padrão de masculinidade que será reconhecido e respeitado, portanto será hegemônico. Assim, as performances de masculinidade que não estão de acordo com a masculinidade hegemônica são submetidas por meio de uma organização hierarquizada da masculinidade e suas exclusões.

Nesse bojo altamente seletivo e excludente, em que se encontram os critérios para performance da masculinidade, a princípio, se consideraria impossível cumprir com todos seus requisitos. Porém, observam-se certos mecanismos que auxiliam no ajuste da sua ação, viabilizando uma aproximação, ainda que de maneira figurativa, das experiências que circundam a "masculinidade ideal".

Os critérios que circundam a performance da masculinidade se expressam em determinadas posições ocupadas pelas peças do tabuleiro no jogo dicotômico público-privado: a norma pode se materializar no público ou no privado, mas necessita de um "pacto de silêncio" no âmbito privado para que seja validada publicamente. As diferenças relativas a como se cumpre a norma no público e no privado precisam ser encobertas para sua manutenção e permanência nas relações sociais. Sendo assim, o uso da dicotomia público-privado como tática para manutenção dos ideais atribuídos à masculinidade busca *organizar hierarquicamente a pluralidade nas performances de gênero*, sem perder de vista a relação de dominação que a masculinidade exerce sobre os corpos fora do padrão normativo. O privado protege a norma, criando a fronteira necessária para manutenção das relações de poder, mas, para que seja eficaz em seu objetivo, a esfera privada não pode ser politizada; ela precisa servir de depósito para tudo aquilo que a norma determina não caber na esfera pública.[2]

As estruturas na dicotomia público-privado passam por transformações significativas com a ascensão dos movimentos sociais das décadas de 1960 e 70 que buscavam democratizar a diversidade de gênero e as vivências da sexualidade, protagonizados principalmente pelos movimentos feministas e movimentos gays daquele período. A politização do privado trouxe à tona a discussão sobre violência doméstica, sexualidade da mulher e vivências de sexualidades não heteronormativas que questionavam os padrões de gênero e sexualidade impostos pela lógica hegemônica e reivindicavam transformações sociais.

Entretanto, segundo Marco Aurélio Prado e Sônia Correa (2018), é também a partir dessas experiências que começam a surgir as raízes das mobilizações conservadoras contemporâneas em proveito do combate àquilo que eles nomeiam de "ideologia de gênero".

Originadas no catolicismo, as mobilizações antigênero, como também são chamadas, foram absorvidas como pauta de luta política por outras religiões, tornando-se ecumênicas. Prado e Correa (2018) salientam ainda que, com o passar do tempo, o movimento agregou outros grupos:

> Embora em toda parte envolvam grupos religiosos cristãos, há movimentações que se articulam com outros grupos e organizações reacionárias e ultraconservadoras como partidos de extrema direita, colégio de pediatras antidireitos LGBTI, grupos de psiquiatras e psicólogos/as que defendem as chamadas terapias de reversão da homossexualidade e a manutenção de categorias patologizantes para nomear a experiência de pessoas trans e intersexuais, ginecologistas que são contra o aborto, pedagogos que repudiam a educação sexual, juristas e operadores de justiça que preconizam concepções ortodoxas do direito, mas também vozes de esquerda, psicanalistas e psicólogas, como também grupos feministas marcam a heterogeneidade das articulações desta ofensiva. (p. 445).

---

[2] Algumas autoras, como Carole Pateman (1988), Lois MacNay (2008) e Sylvia Walby (1990), explicam a dissonância entre essas esferas ao afirmar como o patriarcado atua em ambas, de graus e formas diferenciadas. A oposição entre público e privado escamoteia as ligações entre tais esferas e, ao mesmo tempo, proporciona sentido a ambas, de modo que as diferenças entre as esferas atribuem distinção de valores aos papéis de gênero, bem como normalizam tais discrepâncias.

Rogério Diniz Junqueira (2018) esclarece que o neologismo "ideologia de gênero" tem sido utilizado como recurso persuasivo constante de um ativismo religioso nos últimos anos, incentivando novas formas de engajamento e mobilização que se expressam nas agendas políticas de diversos países, como Hungria, Itália e o próprio Brasil. Estrategicamente enquadrado como pauta moral, o autor afirma que o debate da ideologia de gênero tomou a esfera pública, tornando-se um "sintagma neológico" que legitima as cruzadas morais por hegemonia numa disputa discursiva.

Os atores e grupos políticos interessados em viabilizar essa agenda política, com o propósito de paralisar as transformações e conquistas sociais nas relações de gênero e sexualidade, bem como reposicionar as ideologias tradicionalistas como padrões sociais, apresentam princípios dogmáticos e religiosos compreendidos como "intocáveis". Segundo Junqueira (2018), o uso da ideologia de gênero em discursos extremados à direita tem por intuito servir de combustível para criar um exército de apoiadores que, diante da ameaça que paira sobre a "família tradicional", lutará para protegê-la e valorizá-la. Os efeitos disso aparecem na reafirmação das hierarquias sexuais, na privação da formação moral e sexual dos filhos pela sua família, na exclusão da educação sexual nas escolas, no distanciamento de informações sobre saúde sexual para os adolescentes e na abjeção de estruturas familiares não heteronormativas, além de retomar um olhar patologizante em relação às vivências de sexualidades e identidades de gênero não hegemônicas.

Nesse sentido, o autor pontua que a ideologia de gênero serviu como catalisador de estratégias de poder de grupos interessados em mobilizar a ordem moral e revigorar as visões de mundo tradicionalistas e, por consequência, na retomada da biologização da diferença sexual, "da renaturalização das arbitrariedades da ordem social, moral e sexual tradicional, a (re)hierarquização das diferenças e a afirmação restritiva, (hetero)sexista e transfóbica das normas de gênero" (Junqueira, 2018, p. 452).

No Brasil, Prado e Correa (2018) apontam que o uso do termo não foi só representado pelas entidades religiosas de católicos e evangélicos, mas também por perfis kardecistas e judeus de direita, além de movimentos de setores seculares não ligados a religiões, tais como o Movimento Brasil Livre (MBL) e a Escola sem Partido.

No tocante aos movimentos ultraconservadores no Brasil (em particular o grupo Escola sem Partido), Amanda Rocha Mattos (2018) mostra que o uso tático do termo ideologia de gênero aparece com o objetivo principal de materializar uma ameaça que paira no ambiente escolar e, portanto, alardear a necessidade de defender crianças e adolescentes das personagens doutrinadoras (no caso, professores) que submeteriam esses jovens à ideologia de gênero. Ainda segundo a autora,

> [...] os movimentos ultraconservadores têm se colocado tanto contra o gênero como "escolha individual" quanto contra "professores doutrinadores" que assujeitariam estudantes a desenvolver gêneros "não naturais". A combinação dessa dupla e contraditória acusação contra os estudos de gênero e sexualidades, condensada no truque da "ideologia de gênero", resulta em um emaranhado de afirmações que tem assombrado mães e pais, eleitoras/es, e promovido discursos de ódio contra qualquer debate que questione narrativas moralizantes. (Mattos, 2018, p. 578).

Já no que diz respeito ao uso do termo na política institucional, Henrique Aragusuku (2022) analisa o percurso histórico da "ideologia de gênero" no âmbito do Poder Legislativo, mais especificamente na Câmara dos Deputados. Em seu artigo, o autor identifica que o termo começa a ser referenciado nos discursos de deputados em meados de 2003, porém seu uso só começa a se dar efetivamente como tática ofensiva pelos grupos conservadores na década de 2010. O autor explica que a razão do aumento significativo no uso do termo "ideologia de gênero" nos discursos dos deputados ocorre por conta da ascensão de uma agenda política progressista nas temáticas de gênero e sexualidade desenvolvidas pelo governo vigente naquele período. Sobre os fatores que impulsionaram o uso tático do termo ideologia de gênero por políticos institucionais, ele as resume em três blocos considerados de mudanças estruturais, os quais

> [...] atravessaram a sociedade civil e as instituições políticas brasileiras nas últimas duas décadas: (1) mudanças socioculturais como a desestabilização das normativas sexuais e de gênero, a normalização da homossexualidade, a expansão da sociabilidade e das expressões artísticas LGBT, entre outras; (2) mudanças políticas como o crescimento de coletivos, ONG e movimentos feministas e LGBT, e a assimilação das demandas desses movimentos por partidos, fundações e outras associações (profissionais, sindicais, acadêmicas, etc.) da sociedade civil; e (3) mudanças nas políticas públicas como a proposição de legislações e a implementação de políticas públicas em gênero e sexualidade nos âmbitos municipais, estaduais e federal. (Aragusuku, 2022, p. 113).

Esses indivíduos e grupos políticos, institucionais ou não, e de matrizes diversas, encontraram na ideologia de gênero um ponto de aderência estratégico como catalizador político, culminando na localização das definições tradicionais de relações de gênero e sexualidade como um dos alicerces estruturais que organizam a mobilização da extrema direita e sua ascensão no Brasil nos últimos anos. Ao discursarem de modo inflamado que pautas morais tradicionais estão sendo ameaçadas pela "ideologia de gênero", esses grupos mobilizam os afetos de aliados (inclusive homossexuais) para que incorporem o papel de defensores da "família tradicional", engajando-se politicamente no intuito de eliminar essa "ideologia".

Observa-se, portanto, que os debates de raça, gênero e sexualidade, na agenda política conservadora, foram sofrendo transformações ao longo das décadas. Tendo em vista a politização e a institucionalidade que tais temas começaram a conquistar, torna-se necessário reorganizá-los e realocá-los com novos atores políticos e suas configurações, trazendo o protagonismo que antes era pouco expressivo no campo político conservador. Entretanto, o desafio para os conservadores residia nos anos de ofensiva aos grupos não hegemônicos em gênero, raça e sexualidade, bem como nas conquistas de direitos civis por esses grupos, reivindicadas historicamente pelo campo progressista. Nesse sentido, a mobilização, modulação e radicalização do comportamento político, por meio das emoções e dos sentimentos, se tornou uma estratégica de suma importância na agenda política conservadora contemporânea.

A seguir, abordo a relação entre afeto e política, bem como suas influências na formação da consciência política, trazendo alguns de seus desdobramentos políticos e sociais.

AFETO E POLÍTICA

Os estudos sobre o comportamento político nas experiências do fascismo e nazismo trazem importantes conhecimentos das mobilizações dos afetos para modulação em regimes políticos autoritários. Porém, a transformação tecnológica da vida social, as conquistas de direitos por grupos historicamente minorizados por meio dos movimentos sociais e, paulatinamente, a mudança da lógica econômica mundial com o advento das práticas neoliberais influenciaram significativamente as táticas de mobilização no campo político.

Sendo assim, este texto se propõe, sem ser exaustivo, a compreender o funcionamento da mobilização dos afetos no campo político da extrema direita, considerando as novas facetas que estruturam o autoritarismo contemporâneo e seus modos de agir politicamente.

Estratégias de poder e a força dos afetos

Afeto e poder são elementos primordiais nas relações sociais. No que se refere ao poder, as mudanças políticas interferem tanto nas qualidades e diferenciações dos afetos quanto na possibilidade de existir (ou não) dos corpos afetados. Berenice Bento (2018) desenvolve o conceito de "necrobiopoder" para refletir sobre a profunda diferença de tratamento do Estado em relação a alguns grupos sociais e a determinação do direito à própria existência como uma lógica de privilégios e dominação. Nesse sentido, o Estado performa como propagador de reconhecimento de humanidade.

Em seus estudos, a autora identifica na feminilidade a representação daquilo que é depreciado socialmente, e isso é maior quando a performance do feminino se expressa num corpo do sexo biológico masculino. Portanto, a sociedade cria seus modelos exemplares míticos, mas também necessita de modelos não exemplares, ou seja, os seres abjetos que darão corpo àqueles sujeitos que não devem existir na vida social.

A autora ressalva que há uma intencionalidade no fazer morrer da necrobiopolítica. Em sua perspectiva, as estratégias do Estado para fazer morrer são ativas e intencionais, o que rapidamente se constata ao nos debruçarmos sobre o contexto brasileiro, tendo em vista uma história de organização social baseada em uma cultura política de exploração e eliminação de corpos que, como diz a autora, "poluem a pureza de uma nação imaginada, um tipo de correia de transmissão de uma Europa também imaginada: branca, racional, cristã, heterossexual" (Bento, 2018, p. 4).

Porém, há ainda um ponto de ancoragem a ser destacado para discutir a complexidade dos campos ideológicos organizadores da extrema direita: trata-se da política dos afetos, mais precisamente do papel que o medo desempenha. Segundo Bento (2018), é pela mobilização do medo que se garante a eficácia do necrobiopoder. O medo, potencializado em pânico, é um mecanismo muito eficaz para manutenção do poder. A ideia geral de ameaça externa que paira na condição da vida humana é um combustível contínuo para o medo perseverar[3].

Segundo Bento (2018), as forças repressoras do Estado são as condições externas que mobilizam o medo e dão vazão para a busca de proteção constante. Para isso, elege-se personagens que assombrarão a sociedade: o bandido (negro), o homossexual depravado, a mulher desequilibrada, o invasor de terras, o indígena incivilizado, a travesti violenta, o morador de rua sujo. Portanto, a reivindicação de justiça como intento tão utilizado pela extrema direita, que legitima o combate aos seus "inimigos" pedindo o retorno da ditadura, criando escolas sem partido, ou mesmo a narrativa de que a formação da família tradicional está ameaçada por conta do questionamento da concepção binária de gênero, são na verdade solicitações de medidas de proteção de valores societais conservadores diante do medo de que eles se modifiquem no âmbito da estrutura.

Não é de hoje que o entendimento da mobilização dos afetos perpassa o campo político. Disseminar o medo é uma estratégia de controle muito eficaz, principalmente quando não há significado sobre ele (Butler, 2006). A ameaça dos judeus à supremacia ariana, por exemplo, legitimou a violência direcionada a esse grupo, e o Estado se incumbiu de atribuir os significados necessários para dar materialidade ao medo, organizando, no nazismo, o sistema que protegeria o povo alemão dessa ameaça.

Rodrigo Nunes, em seu livro *Do transe à vertigem: ensaios sobre o bolsonarismo e um mundo em transição* (2022), pontua que os afetos rodeiam os sistemas vigentes sempre num plano social, produzindo repertório para que os sujeitos façam suas leituras da realidade. Essa regularidade dos afetos organiza os valores e as crenças que operam de maneira contínua,

---

[3]   Impulsionado pela constante necessidade de proteção, o uso do medo para a manutenção da dominação é o que o filósofo Espinosa, em seu livro *Ética*, identifica com estado de servidão, que diminui a potência de agir e cerceia a liberdade humana, mas legitima sua permanência em razão da ameaça contínua.

mesmo quando as experiências da vida entram em contradição com eles. Nesse sentido, o autor ressalva que essa continuidade, mesmo diante de uma experiência contraditória, se dá pela força inercial do hábito. Nas suas palavras,

> O nosso é um tempo em que convivem, lado a lado, um sentimento difuso de que, por diversos motivos, as coisas não podem continuar como estão (*e que, se continuam, é simplesmente porque quem delas se beneficia tem a força necessária para impor sua vontade*); e a sensação de que as coisas não poderiam ser de outro jeito, sustentada pelo fato de que o modo como vivemos, nos relacionamos e nos compreendemos está completamente atravessado por dispositivos como o consumo, o individualismo, a concorrência, o punitivismo e o "empreendedorismo de si mesmo". (Nunes, 2022, p. 15, grifo nosso).

Segundo o autor, ainda que se comece a suspeitar das promessas de bonança do sistema capitalista contemporâneo, suas raízes nos mantêm inertes sob o estado atual das coisas, que permanece inalterado. Além disso, o autor atribui a esse conflito a razão do surgimento e da ascensão de novas forças reacionárias na última década.

Seguindo essa linha de pensamento, Nunes (2022) aponta para a importância de se apreender as diferentes maneiras pelas quais a afetividade vai impactar na produção dos espaços políticos. Portanto, serão essas diferenças, estruturada pela cadeia dos afetos, que materializarão a distinção entre uma radicalização previamente organizada e uma radicalização identitária do comportamento político, tanto individual quanto coletivamente. Essa reflexão embasa a hipótese deste livro quanto à relevância dos afetos: de que o medo se produz a partir da experiência do desamparo e do ressentimento, dando contorno à ascensão dos movimentos de extrema direita que se observa na atualidade.

A virada afetiva nas ciências humanas pavimenta a compreensão dos afetos como dimensão pré-linguística, ou seja, na medida em que o afeto circula entre os corpos, ele estaria localizado antes da linguagem. Na perspectiva de autores como Deleuze e Guatarri (1996), a linguagem tem potência para atribuir nome àquilo que, de certo modo, já é mais ou menos sentido na experiência cotidiana, e compreender a relação entre afeto e linguagem passa por pensar sobre a dinâmica entre ambos numa relação circular, de reciprocidade. Os enunciados gerados na produção da linguagem carregam, portanto, os elementos centrais das estruturas afetivas. Por meio deles, observam-se gostos, ódios, fatores de admiração e repulsa etc., gerando a identificação e o pertencimento que darão ou não condições para o desenvolvimento de uma consciência política mobilizada e atuante (Nunes, 2022).

Porém, ainda que o afeto se produza no social, ele não se reduz às determinações racionais do coletivo, de modo que a volatilidade que os afetos pressupõem são traços importantes a serem considerados no desenho do campo político. Por exemplo, afirmar que todo homossexual se identifica politicamente com a agenda política do campo progressista é uma determinação racional reducionista que dispõe de pouco repertório para explicar a dinâmica na formação e expressão da consciência política desse grupo. Isso explica a falsa sensação de uma suposta incongruência diante de fenômenos que atribuímos como "dados", ou imutáveis.

Ainda acompanhando Nunes (2022), se somos constituídos por hábitos e disposições únicas e singulares balizadas pela afetividade, e esses elementos são altamente compartilhados entre nós, essa experiência influencia diretamente a produção do espaço político. Por exemplo, pensar nas identidades políticas como plenamente constituídas, não atentando às suas variações afetivas, é um equívoco comum no campo político da esquerda, que corriqueiramente atrela, de maneira automática, um conjunto completo e fechado de crenças e valores societais assim que constata uma palavra ou interesse diferente daquilo que é previamente categorizado para aquela identidade política.

Contudo, para maioria das pessoas que não dão tanta relevância para política, a orientação política não é um fator central para a constituição de suas identidades, e exatamente por essa razão "seus comportamentos e valores societais apresentam contradições que precisam ser analisadas" (Nunes, 2022, p. 17).

Ainda no que diz respeito à formação da identidade política, o autor destaca algo fundamental: o uso frequente da identidade como disputa de poder no campo político — seja para escamotear a ausência de um planejamento que atinja a ordem social, seja como uma forma de encobrir as dificuldades em incidir efetivamente na conjuntura.

Isso significa que a cooptação das identidades por meio da oferta de um conforto simbólico, tanto pela captura das pautas identitárias por práticas neoliberais mais progressistas quanto por um cenário capitalista atual que busca mecanismos de expressão das individualidades publicamente, por meio da mídia e das redes sociais, reduz o sentido de identidade a uma mera sensação de pertencimento, sem efetivamente dar a materialidade de uma vida melhor às pessoas. Logo, o fenômeno da radicalização contemporânea no campo político encontra espaços capazes de explorar programaticamente os conflitos sobre os efeitos e a eficácia das práticas neoliberais, bem como as mobilizações afetivas advindas dela (Nunes, 2022).

Desejo e interesse

Esse trabalho intenso de manejar os afetos na política tem por objetivo enquadrar os desejos das pessoas conforme os interesses da agenda política em questão. Porém, nem sempre os interesses da agenda política são condizentes com os interesses das pessoas. Cabe aos atores políticos da sociedade trabalhar na modulação de desejos da população, conduzindo-os e distanciando a população dos seus reais interesses. Nesse cenário, os atores sociais e suas agendas políticas buscam encobrir a contraditoriedade entre seus interesses e os da população em geral, fazendo uso dos desejos como estratégia política.

A compreensão da contraditoriedade na relação entre desejos e interesses dos sujeitos é um debate profundo e complexo nos estudos das humanidades. Wilhelm Reich, em *Psicologia das massas do fascismo* (2001), exemplifica esse fenômeno afirmando que as pessoas escolheram o fascismo, pois elas o desejavam. Para o autor, a população foi enganada do ponto de vista dos seus interesses, mas sem que houvesse discordân-cias para com seus desejos, e o motivo dessa cooptação diz respeito aos interesses das classes dominantes na época.

A experiência da realização do desejo (ainda que formatada por alguém) resulta no prazer ligado à materialidade daquilo que se deseja, estando ou não conectado aos reais interesses que impactam a vida coti-diana. Ainda que as experiências do fascismo e do nazismo tivessem como estratégia o controle dos afetos por meio de propagandas e ideários, Reich (2001) chama atenção para uma espécie de compensação psicológica e para certa disponibilidade da população que facilitaria a modulação dos desejos em proveito dos interesses da agenda política em questão.

Essa afirmação de Reich sugere um caminho para compreender um corpo que carrega em si uma memória de ter sido afetado por outros corpos em experiências anteriores. O corpo sobre o qual outros corpos agirão no futuro carrega traços de afecções anteriores, e a maneira como ele receberá cada experiência nova é condicionada pela memória de outras vivências que já marcaram este corpo. Essa memória é um hábito afetivo. Trata-se, portanto, de uma contingência singular que influenciará o modo como o corpo se afetará diante da afecção.

É no hábito afetivo que se identifica como o corpo que sofre a ação medeia a resposta do corpo que age sobre ele (Espinosa, 2007). Nesse processo, o corpo adquire uma disposição afetiva que tendencia sua reação diante das afecções. Essa questão é importante, pois permite compreender a eficácia de uma ação política, uma vez que acrescenta uma nova camada de complexidade à tarefa de controlar os afetos.

Nunes (2022) retoma essa reflexão para compreender a ascensão contemporânea da extrema direita no Brasil. Para o autor, esse desajuste entre desejos e interesses faz a manutenção da dominação entre grupos em qualquer nível da estratificação social. A experiência gradativa de valor e pertença do cidadão homem, branco, heterossexual de classe média baixa, em razão das condições socioeconômicas, foi deparando-se com cada vez menos espaço para se expressar. Diante das transformações econômicas e sociais, contempla-se o resultado da modulação dos desejos distanciados dos reais interesses da população em geral. A evolução de um neoliberalismo progressista, com mudanças profundas nas estruturas econômicas, que distanciaram ainda mais a classe média de sua ascensão e não cumpriu com a promessa de resolver a crise do capitalismo vivenciada na década de 1970, somada às mudanças sociais que trouxeram acesso a direitos civis para grupos historicamente invisibilizados, minou a pouca compensação psicológica que restava a esse grupo social. É preciso ter em mente que a manutenção da desigualdade social, nos seus mais variados níveis, compensa psicologicamente esse cidadão que se encontra ressentido pela ampliação dos direitos de grupos historicamente minorizados e que se vê sendo criticado por não aderir a essas transformações. Desamparado, esse grupo encontra acolhida numa agenda política reacionária, que o afirmará como "o verdadeiro cidadão de bem".

Medo, desamparo e ressentimento

Em *O circuito dos afetos: corpos políticos, desamparo e o fim do indivíduo*, Safatle (2015) destaca o medo como afeto central que organiza a agenda política da extrema direita para cooptação dos desejos desse grupo social.

A mobilização desse afeto se debruça na crise da figura de autoridade patriarcal que almeja ser salva. Surge, então, o pretexto para a ascensão de lideranças que se dispõem a resgatar essa figura, com a promessa de protegê-la diante dos inimigos que querem destrui-la. Nesse sentido, observam-se duas cenas que têm como afeto principal o medo: uma em que o medo se refere a um panorama sem futuro diante de interesses que resguardam a existência; outra em que o medo já está associado a essa personagem autoritária, pois deposita-se nela o amparo em face da frustração que mobiliza o medo anterior.

O autor coloca que a mobilização do medo acontece por meio de sucessivas tentativas de afastar a experiência do desamparo. O ressentimento produzido na frustração da vida material não viabiliza a experiência do desamparo que, segundo Safatle (2015), embasado em Freud, seria o caminho para a emancipação e para a coragem do sujeito se apresentar integralmente nas possibilidades da vida, trazendo abertura para as vivências do coletivo e para a realidade de que seus desejos são indeterminados.

Entretanto, o ressentimento é "mola propulsora" para a mobilização política. Joanne B Ciulla (2020) cita a obra seminal de Nietzche (1998), *A Genealogia da Moral*, onde ele define o "homem ressentido" que, na experiência do seu ressentimento, inverte seus valores para manter estes sentimentos vivos. A autora pontua que,

> No entanto, apesar dos méritos da pessoa nobre, Nietzsche diz que uma raça de homens ressentidos tende a ser mais inteligente do que qualquer raça nobre, e a revolta dos escravos (como ele os descreve) levará a um reinado do "último homem". que será de mediocridade, corrupção e niilismo político. (Ciulla, 2020, p. 29, tradução nossa).

Na tentativa de aliviar as tensões advindas dessa dissonância e da vivência do ressentimento, Scheler (2007) e Nietzche (1998) apontam que a inversão de valores se torna um recurso importante para negar a condição de desamparo provocada pela experiência do ressentimento. Em vez de se resignar aos sentimentos de inferioridade e impotência (que ressignificaria o desamparo), o ressentido inverte os valores para manter viva a chama do ressentimento.

Para ilustrar como o ressentimento resulta na inversão de valores, Max Scheler utiliza a fábula de Esopo *A raposa e as uvas*. Nela, a raposa deseja comer algumas uvas que nota crescer no galho de uma árvore. Porém, mesmo após saltar muitas vezes para tentar alcançá-las, não consegue apanhá-las. Então, a raposa desiste e se afasta da árvore, dizendo ter certeza de que as uvas devem estar azedas. Ao fazer isso, a raposa deprecia as uvas em vez de se resignar ao fato de não conseguir alcançá-las. Scheler (2007) compara a raposa ao sujeito ressentido, que sobrepõe todos os valores nivelando--os aos seus desejos e habilidades. Assim, tratam os valores como se não existissem em suas experiências, mesmo sabendo que podem ser válidos.

Scheler (2007) aponta o ressentimento como uma "dinamite psicológica" que se dissemina com as desigualdades sociais e políticas. Segundo o autor, nada incentiva mais o ressentimento do que uma sociedade na qual seus sujeitos têm direito à igualdade, mas observam todos os dias que não são, social, econômica e politicamente, iguais entre eles. Seguindo a mesma linha de raciocínio, Jeremy Engels (2015) argumenta que o ressentimento tem sido estrategicamente utilizado para promover polarização política e propagar resistências.

Nesse sentido, o reacionarismo radical encontra espaços para promover uma "cortina de fumaça" no campo dos afetos ressentidos, operando como gatilho de ansiedade diante da perda de direitos e o receio de perder os privilégios (Nunes, 2022). Os recursos para vivência do desamparo dessa população são modulados e politizados numa manobra ideológica prontamente atuante sobre o ressentimento. Entretanto, nessa mobilização, o reacionarismo radical não reivindica o fim do sistema neoliberal, nem as soluções dos problemas acarretados por ele (concentração de poder político, desigualdade econômica, escassez de empregos, colapsos ambientais etc.). Em vez de nomear tais problemas, ele desloca o ressentimento represado direcionando a responsabilidade de sua causa para outras pautas do campo progressista que ganharam força, ainda que de maneira tímida, concomitantemente ao neoliberalismo.

Portanto, é necessário explorar como o ressentimento é modulado para se tornar um catalizador de comportamento político militante, por isso coletivo, compartilhando crenças e valores e formando identidades políticas a partir dos afetos.

Ressentimento como mobilizador da militância política

A mobilização das emoções no âmbito coletivo é um fenômeno expressivo e identificado em situações de protesto e na atividade de movimentos sociais. James Jasper (2014) relembra a explicação dada por Freud sobre as emoções coletivas, que as via como uma forma de regressão hipnótica impulsionada pelo inconsciente, em que os indivíduos teriam suas atitudes regidas pela mentalidade do grupo (Freud, 1996), fazendo com que as pessoas não fossem elas mesmas em meio às multidões.

Já comentei anteriormente que o uso político das emoções é uma estratégia com resultados bastantes expressivos para efetivar ações coletivas. Vale perguntar como o ressentimento, especificamente, pode ser um combustível diferencial para mobilizar a ação coletiva de indivíduos sem histórico de uma participação política de militância orgânica e partidária, e como pode ser catalizador para o desenvolvimento de uma consciência política militante — numa evidente aproximação de um dos objetivos deste livro, que busca compreender o comportamento político dos grupos de homossexuais conservadores.

No esforço de responder tais perguntas, é essencial apresentar alguns contornos para a definição de militância. Sales, Fontes e Yasui (2018) asseveram a importância de tomar as reflexões acerca do conceito na condição de problema, buscando produzir questionamentos e identificar as obviedades. Nesse sentido, explorar algumas das características do comportamento militante traz pistas para esclarecer seu significado.

Buscando por um enquadramento que defina o conceito de militância, os estudos de Monclar Eduardo de Lima Valverde (1986) esclarecem que militar é uma ação que organiza movimentos segundo uma lógica bélica, com uma relação operacional para se efetivar a tática de guerra, desenvolvendo técnicas e redes necessárias para o campo de luta. Luis Cláudio Figueiredo (1993), por sua vez, afirma que a militância se tornou uma das formas influentes de existência do século XX, protagonizando as principais transformações da vida em sociedade. Entretanto, o autor ressalva que sua expressão não se limitou apenas à esfera política, havendo militantes em outros campos — na religião, nas ciências, no mercado financeiro, na cultura —, compreendendo a militância, portanto, como um modo de vida. Já para André Sales (2021), trata-se de um processo para desenhar ações coletivas que provoquem mudanças nas normas sociais vigentes. O autor exemplifica ainda o caráter servil do militante quando cita a descrição de Ernesto Che Guevara sobre seu papel no partido, sendo ele o revelador dos desejos das massas, quem renuncia ao descanso e à tranquilidade pessoal em proveito da revolução.

Outros autores, como Edmar Almeida de Macedo e Angelo José da Silva (2009), identificam o militante comunista como a referência de militância política do século XX. Os autores apontam que fé, hierarquia e disciplina compõem a tríade de crenças e valores que organizam essa militância. Sobre essa afirmação, Sales, Fontes e Yasui (2018) fazem uma associação com a obra *Psicologia das massas e análise do ego*, na qual Freud considera que a formação de grupos como exército e igreja se estrutura sobre o ideário de que, no ato de ingressar no grupo, o sujeito será amado por um líder superior, desenvolvendo um sentimento de pertença, em que ele passa a fazer parte da massa com outros indivíduos que amará incondicionalmente e por eles será amado. Essas características de âmbito grupal "influenciam nos aspectos individuais dos militantes, deslocando sua agressividade para os inimigos, mantendo-a afastada do interior da massa" (SALES; FONTES; YASUI, 2018, p. 570).

Para Valverde (1986), a consequência desse modo de organização militante produz sujeitos subjetivados a partir de uma lógica hierárquica disciplinar, em que o acesso ao ideário revolucionário se dá somente mediante o esforço individual, a relação com os demais integrantes do grupo por uma necessidade de reconhecimento e pressupondo suas ações enquadradas numa tática de guerra. O autor salienta que "o militante é, em realidade, um soldado a serviço de sua lei; e será tanto melhor soldado quanto mais sua obediência decorrer de sua opção interior, de sua consciência e não de mecanismos reguladores" (Valverde, 1986, p. 92).

O sentimento que mobiliza a subjetividade militante é ponto de reflexão de Suely Rolnik (2014). A autora apresenta duas definições de subjetivação militante. A primeira traz características como a afirmação de um território de vivência da identidade cristalizado num passado idealizado, sem a existência de inimigos; a compreensão sobre os desejos e necessidades individuais atribuídos unicamente à característica de vida burguesa; a estruturação de discursos e ações a partir da realidade presente, de dominância do inimigo. Já a segunda diz respeito à condição de existência associada à luta para se chegar na revolução. Rolnik (2014, p. 133) afirma que "o que os alimenta, em sua cultura militante, desse ponto de vista, é imaginar-se de peitos ensanguentados nas trincheiras embandeiradas da luta revolucionária, conseguindo dar fim a essa realidade que consideram maldita."

Na pesquisa de Bernadete Baltazar (2004), identificam-se as dissonâncias entre a performance do discurso militante e alguns aspectos da sua vida privada. As contradições encontradas pela autora foram observadas nas reclamações de familiares que se relacionavam com militantes, apontando uma incongruência da postura no seio da vida intrafamiliar em comparação com suas retóricas militantes. Nesse sentido, Baltazar (2004) enfatiza a importância de, para além dos aspectos racionais das necessidades que organizam a militância, compreender os elementos que compõem a performance militante no nível afetivo e emocional.

É para esse aspecto que Figueiredo (1993) chama atenção ao afirmar que

> A identidade revolucionária, neste plano, não se define a partir de uma revolução efetivamente realizada; define-se apenas pela adesão ou imersão imaginária no movimento que remeteria inexoravelmente a este tempo longo com suas metas e princípios fixados de uma vez por todas. (Figueiredo, 1993, p. 208).

Seguindo esse caminho, os aspectos racionais que balizam a identidade militante são modulados por uma repetição de ações cotidianas que reforçam seus princípios e ideais, e que têm por intuito construir uma disponibilidade afetiva para sua performance. A partir desse exercício tautológico, compensa-se psicologicamente o sujeito militante e alarga-se sua disponibilidade afetiva por meio de tarefas inadiáveis, disponibilidade imediata para ação e pelo agenciamento contínuo (Figueiredo, 1993).

O autor argumenta que o exercício da militância transforma o cotidiano num palco imaginário de estratégias e táticas que têm como objetivo ser uma "defesa sistemática contra o acontecimento, colocando-se como um dispositivo de vedação" (Figueiredo, 1993, p. 212). No entanto, ressalta que a militância seria um sintoma de um período em que as formas de dominação da subjetividade desenvolvem pessoas inábeis em refletir sobre a própria condição de impotência, atribuindo a ela um cenário catastrófico e ameaçador para própria existência, consequentemente potencializando a vontade mobilizada pelo sentimento agregador de pertença que envolve a militância.

Nesse sentido, a subjetivação produzida na experiência da militância mobiliza o ressentimento para lidar com o sofrimento inerente à condição da vida material. Maria Rita Kehl (2020) define ressentimento como "atribuir ao outro a responsabilidade pelo que nos faz sofrer. Um outro a quem delegamos, em um momento anterior, o poder de decidir por nós, de modo a poder culpá-lo do que venha a fracassar"[4]. A lógica do ressentimento envolve o apego com aquilo que produziu um dano, sendo, segundo a autora, um enlace das relações sociais para nomear a inviabilidade de superação ou esquecimento de um dano. A função do ressentimento é conservar ativamente, pela via da repetição, o efeito do dano ocorrido. Para autora, a condição de existência do ressentido se dá na preservação do sentimento que remete ao mal que o vitimou. A insistência em atribuir a culpa do ressentimento ao outro se apresenta como moeda de troca que promete, pela vingança, solucionar o conflito produzido pelo outro. Porém, Kehl alerta que, no ressentimento, o momento da vingança não se efetiva, pois, para que o ressentimento surja e persevere, é preciso que o ressentido não se sinta capaz de reagir ao agressor, percebendo-se inferior a ele; ou, de outra forma, busque expressar uma superioridade moral.

A autora instiga a reflexão sobre o ressentimento como sintoma social, reforçando a importância do aspecto político, indo além do engendramento individual a que os debates da psicanálise podem levar. Assim, Kehl (2020) questiona certas condições sociais de dominação e opressão que se alimentam da produção de subjetividades ressentidas. Se o ressentimento está mais próximo de uma rendição voluntária do que de uma derrota, o ressentido tem em si uma necessidade de ação represada diante do dano. Uma bomba relógio que sempre está prestes a explodir. Em condições de opressão, modulam-se formas de rememorar o dano e manter a bomba sem explodir, mas na contínua eminência de explosão.

No âmbito social e político, o dano se explicita no não cumprimento das promessas de igualdade social por parte das democracias liberais. Desse modo, a antecipação simbólica dessa promessa para indivíduos socialmente inferiorizados se torna combustível para produzir ressentimento, já que a igualdade é teoricamente reconhecida, mas não acontece na prática. Ao mesmo tempo, as tímidas tentativas de transformação social também mobilizam ressentimento naqueles que têm, como solução ilusória do seu desamparo, a desigualdade social. A analogia do castelo de cartas prestes a desabar retrata a importância do debate sobre os afetos no campo político e convoca para reflexões que localizem a experiência da militância para além de seus aspectos racionais.

---

[4] Artigo publicado no site *A Terra é Redonda* em 28 de julho de 2020. Disponível em: https://aterraeredonda.com.br/ressentimento-2/.

É necessário, ainda, agregar reflexões sobre a espontaneidade coletiva mobilizadora de afetos, que incentiva o trabalho de militância. Para isso, é preciso se aprofundar nas distintas possibilidades de organizar sujeitos com interesses e em contextos diferentes. Isso permite entender o agrupamento de deliberações decididas no coletivo, ajuda o grupo a identificar êxitos e equívocos e desconstrói ideias preconcebidas de conquistas centralizadas somente no trabalho de lideranças carismáticas (Ganz, 2000). É importante salientar que, ao contrário do que se imagina,

> [...] os participantes de uma ação coletiva, ou os componentes das multidões, não se engajam nelas para expressar narcisisticamente necessidades patológicas, ou mesmo para resolver suas questões edípicas; eles não são sujeitos isolados pateticamente buscando conexões ou identidades. (Jasper, 2017, p. 298, tradução minha).

Em seu modelo de dilemas estratégicos, Jasper (2006) investiga os impasses dos sujeitos imersos na necessidade de agir, partindo do pressuposto de que a construção das estratégias e suas práticas advém de sujeitos de interesses diversos e de diferentes vivências de afetos. Essa perspectiva do autor, como destaca Sales (2021), se coloca como alternativa para a ideia de indivíduos racionais que seriam deslocados pelo único motivo de aumentar ganhos e restringir perdas, atuando somente quando o cenário de possibilidade política é viável e norteado pelas deliberações pautadas pela liderança.

A proposta de Jasper (2006) joga luz sobre a singularidade de cada participante da ação, não restringindo a construção de estratégias somente a um conjunto seleto de pessoas do grupo. Nesse sentido, cada sujeito busca desenvolver respostas que equilibrem os pontos positivos e negativos e os aspectos emocionais, materiais e simbólicos de sua escolha. Esse processo acontece na interação entre os participantes da disputa e na relação com as regras e os recursos do contexto no qual estão inseridos. Para o autor, todos os integrantes do grupo participam da construção de estratégias. Seu modelo assevera que, "sem examinar o ato de seleção e aplicação das táticas, nós não conseguiremos explicar adequadamente os fatores psicológicos, organizacionais, culturais e estruturais que facilitam a compreensão dessas escolhas" (Jasper, 2004, p. 2, tradução minha).

Pensar em articulações estratégicas implica compreendê-las na relação entre aspectos estruturais e subjetivos das ações, ou seja, investigando seus contextos históricos, econômicos e sociais; identificando, e refletindo sobre, a operacionalidade de seus recursos, suas táticas e dos dispositivos utilizados pelos participantes; investigando as transformações das estratégias ocorridas ao longo do uso e entendendo os sentidos que os participantes atribuem às estas táticas e estratégias, aprofundando-se na forma como elas impactam o modo de sentir, pensar e agir na vida destes sujeitos (Sales, 2021).

Portanto, compreende-se que os afetos, em âmbito individual e coletivo, são ferramentas importantes para a produção e modulação de comportamentos políticos e para a formação da consciência política. Nesse sentido, resta abordar com mais profundidade o que se entende por consciência política, detalhando as complexidades de seu desenvolvimento e de sua expressão, o que será feito no capítulo a seguir.

O QUE É CONSCIÊNCIA POLÍTICA?

A formação e expressão da consciência política é um fenômeno há tempos explorado nos estudos da Psicologia Política, com diversas reflexões acerca do processo de subjetivação da consciência no campo político.

Nesse campo de estudos, entende-se que a disponibilidade de uma pessoa ou grupo para se engajar em ações coletivas (ou não), bem como as formas específicas de agir para fazê-lo, pode ser compreendida como o resultado de uma relação dialética e constante entre expectativas e crenças societais, senso de identidade coletiva, sentimento de interesses coletivos compartilhados, suposições sobre eficácia política e a identificação com os objetivos e repertórios de ação disponíveis em um contexto específico (Sandoval, 2001). Mas como compreender a consciência política?

Definindo consciência política

Segundo Salvador Sandoval (1997), os elementos que integram o comportamento político têm como determinantes aspectos sociológicos e psicossociais. Nesse sentido, "o que pode ser diferenciado são os tipos de comportamento a serem estudados, os contextos em que se desenvolvem e seus significados para a mudança social e individual" (Sandoval, 1997, p. 18). Reforça ainda a importância da interdisciplinaridade como ferramenta para aproximar as vertentes psicossociais e sociológicas como ponto inicial da produção de conhecimentos da Sociologia do comportamento político e da Psicologia Política.

Sendo assim, a investigação dos fenômenos psicopolíticos se inicia por dois elementos básicos: o primeiro diz respeito aos espaços sociais em que o fenômeno do comportamento político acontece, formalizados ou não formalizados. O segundo caracteriza-se pelos tipos de participação, se individuais ou coletivas (Sandoval, 1997).

Para Sandoval (2001), a consciência social é a capacidade de pensamento dos seres humanos que permite às pessoas criarem visões (cognitivas e seus significados) de sua realidade e que determina seus comportamentos na sociedade. O primeiro fator a ser considerado para a constituição da consciência política é a identificação de crenças e valores hegemônicos que estruturam a subjetividade. Em seguida, é preciso compreender os elementos que compõem a naturalidade exercida na vida cotidiana com processos de alienação que impedem os sujeitos de refletir sobre suas formas de organização. Tal processo auxilia a explicar o funcionamento de supostas visões fragmentadas de coletividades, atravessadas por preconceitos e discriminações (Sandoval, 2001).

Sandoval afirma que a consciência política é o caminho para explorar tanto a mobilização quanto a desmobilização individual e coletiva, assim como os comportamentos políticos presentes em ambos os processos. O que distingue a conceituação desse autor é o fato de ela estar baseada em categorias psicopolíticas para além dos das ações coletivas que rodeiam seus sujeitos, como acontece na análise dos *frames*. Nesse sentido, Sandoval (1994, p. 59) define consciência como

> [...] um conceito psicossocial referente aos significados que os indivíduos atribuem às interações diárias e acontecimentos em suas vidas. [...] A consciência não é um mero espelhamento do mundo material, mas antes a atribuição de significados pelos indivíduos no seu ambiente social, que servem como guia de conduta e só podem ser compreendidos dentro do contexto em que é exercido aquele padrão de conduta.

Nesse sentido, o conceito de identidade é compreendido não como categoria de análise, mas elemento que compõe a dimensão da consciência. Junto de outros componentes, tais como conjunto de crenças, cultura e as experiências vividas, a identidade social e a identidade coletiva formam as dimensões da consciência política (Sandoval; Silva, 2016).

Sandoval e Silva (2016) consideram que o esquema de estudos da consciência política é uma inversão da teoria desenvolvida por George H. Mead. Para Mead, toda consciência de si pode vir a ser política por ser social. Portanto, em tese, ela é política. Para os autores, a associação entre essas concepções teóricas acontece em razão de alguns pressupostos comuns: a correlação entre sujeito e sociedade; o meio pelo qual ocorre a intermediação na identificação e tomada das ações grupais e sentimentos de pertença e a viabilidade de desenvolvimento gradual da consciência política. Contudo, Mead não observa a peculiaridade dos elementos políticos que comporão a estrutura geral da consciência de si. Já o modelo analítico de Sandoval distingue e salienta a natureza política da consciência (Sandoval; Silva, 2016).

Sendo assim, a consciência política diz respeito ao processo de politização do sujeito. Para Sandoval, consciência política é

> [...] um construto de dimensões psicossociais de significações e informações que permitem ao indivíduo tomar decisões a respeito das melhores alternativas de agir dentro de contextos políticos e em ações específicas (2001, p. 185).

A consciência política é estruturada por elementos identitários, na cultura, e seus aspectos sociais, na soma de crenças e valores internalizadas pelo sujeito, e pela percepção politizada do contexto social no qual este indivíduo está situado

Tendo esses componentes como ponto de partida, Salvador Sandoval, em seu artigo *The crisis of the Brazilian labor movement and the emergence of alternative forms of working-class contention in the 1990s*, desenvolve uma proposta de modelo de consciência política no qual apresenta elementos que desempenham o controle social sobre a interação e participação em ações coletivas e movimentos sociais.

O modelo de consciência política

Nessa proposta de modelo de consciência política, o autor considera sete dimensões psicossociológicas, mutuamente articuladas, que permitem analisar diferentes formas de consciência política, de grupos e sujeitos diversos. Desse modo, cabe ressaltar que refletir sobre a consciência política de um grupo ou um indivíduo passa por compreender que esse fenômeno é um momento da consciência que está sendo observado e analisado. É preciso reconhecer os processos dialéticos que modelam as nuances vividas por grupos e sujeitos e provocam mudanças frequentes, conforme as experiências vivenciadas. Em suma, o modelo captura as configurações específicas que a consciência de um ente apresenta em determinado momento do tempo

> Este modelo de consciência política representa as várias dimensões psicossociais que constituem o saber político de um indivíduo sobre a sociedade e si mesmo/mesma como membro dessa sociedade e representa, consequentemente, sua disposição para agir de acordo com esse saber. (Sandoval, 2001, p. 185).

As sete dimensões do modelo de consciência política propostas por Sandoval (2001) são: Crenças e valores societais; Identidade coletiva; Adversários e interesses antagônicos; Eficácia política; Sentimentos de justiça e injustiça; Metas e repertórios de ações; Vontade de agir coletivamente. Salienta-se que essas dimensões estão sobrepostas e são interseccionais, transpassadas pelos sentimentos emotivos de ações individuais e coletivas.

Figura 1 – Modelo analítico da Consciência Política

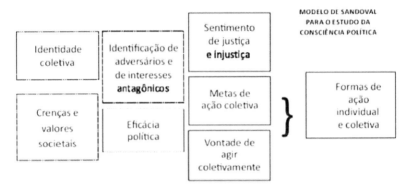

Fonte: elaborado a partir de Sandoval (2001, 2015) e Sandoval e Silva (2016)

As dimensões propostas pelo modelo são categorias conceituais e analíticas pensadas para identificar o processo dinâmico de uma consciência em constante formação e transformação. As relações dos sujeitos com a vida material passam por interpretações e mudanças tanto de conteúdo quanto de forma, numa dinâmica que identifica a consciência num trabalho contínuo e dialético. Os estudos desenvolvidos por Sandoval buscam refletir sobre o problema da consciência política, oferecendo aos pesquisadores um caminho interpretativo com ferramentas sistemáticas para se aproximar desse fenômeno social de modo a viabilizar a análise dinâmica de como fatores individuais, contextuais, históricos e políticos direcionam/estruturam as ações políticas, individual e coletivamente.

Ainda que possa haver supostamente um ímpeto em fazer uma leitura mecânica e sequencial das dimensões, Sandoval (1989) assevera que elas devem ser compreendidas como categorias psicossociais que se relacionam de maneira dependente com as vivências das pessoas em contextos políticos diversos.

A seguir, detalho cada uma das dimensões do modelo.

Crenças e valores societais concernem aos valores e às crenças que os indivíduos constroem sobre as relações de poder existentes nas sociedades em que vivem. Paralelamente aos laços de identidades grupais estabelecidos ao longo da sua história, as pessoas constroem socialmente suas realidades. O convívio com as instituições fornece os valores sociais presentes na cultura política hegemônica, e as crenças adquiridas pelas vivências sociais viabilizam o processo de formação da subjetividade do indivíduo. Assim, "junto com o desenvolvimento de laços identificatórios com grupos e categorias sociais, o sujeito forja sua visão pessoal sobre seu meio social e consequentemente sobre sua sociedade" (Sandoval; Silva, 2016, p. 36).

O processo contínuo de vivências que se dão ininterruptamente no mundo da vida cotidiana acaba por naturalizar as experiências vividas. O cotidiano se torna o campo em que se configura o senso comum, cristalizando crenças e valores e diminuindo a necessidade de reflexão. Nesse cenário, a única consciência viável é a *consciência do senso comum*, pois, sendo a espontaneidade uma característica que rege o cotidiano, "a assimilação de padrões de comportamento, crenças sociais, pontos de vista políticos, modismos etc. é feita geralmente de maneira não racional (não refletida)" (Sandoval, 1994, p. 64).

Portanto, *a dimensão das crenças e valores societais se encontra conectada à espontaneidade da vida cotidiana*. Essa relação permite a sedimentação de crenças e valores que, em condição propícia, podem viabilizar a alienação e o conformismo das pessoas, destituindo-as da reflexão sobre seus cotidianos. Nessa conjuntura, a consciência política possível é a "*consciência do senso comum*", e, para que outras variedades possam surgir, é imprescindível a quebra da rotina e da estabilidade da vida cotidiana, de modo a impulsionar transformações da própria consciência (Sandoval; Silva, 2016).

Em *Identidade coletiva*, observa-se o sentimento de pertença a grupos sociais. Nela, o indivíduo escolhe seu foco e desenvolve a lealdade e a solidariedade perante o grupo, tornando-o mais politizado. Na diversidade de identidades grupais é que surge a categoria social que pensará, discutirá e agirá politicamente, destacando-se dentre as outras identidades e com características qualitativamente distintas. A identificação grupal, portanto, é um elemento importante para formar o direcionamento individual e coletivo da ação política (Sandoval; Silva, 2016).

Na dimensão *Adversário e interesses antagônicos*, identificam-se os sentimentos individuais na comparação com os interesses materiais e simbólicos de outros grupos. Esse antagonismo de interesses entre grupos estimula a conscientização sobre quem são os sujeitos e grupos que personificam os adversários no meio social.

Sandoval (2001) destaca a importância dessa dimensão, argumentando que a identificação e a materialização de um adversário mobilizam e motivam sujeitos a agirem coletivamente diante de um objetivo específico, podendo esse adversário ser um indivíduo, grupos ou instituições. É nessa dimensão que se observam laços que identificam aquilo que é do "meu grupo" e aquilo que é "do outro grupo", intensificando o sentimento de pertença ao grupo.

O processo reflexivo que essa dimensão provoca entre os indivíduos é um ponto delicado e extremamente importante, em decorrência do que representa para seus adversários. Por salientar para o sujeito quais são os interesses do seu grupo, quais são os interesses de outros grupos e qual é a relação entre eles, a compreensão que o sujeito tem desse cenário é relevante para acessar suas percepções sobre relações de dominação entre os grupos (Sandoval, 1994).

A dimensão *Eficácia política*, nas palavras de Sandoval, aborda "os sentimentos de uma pessoa acerca de sua capacidade de intervir em uma situação política" (2001, p. 188). Nessa categoria, os sujeitos argumentam o fenômeno político em cena a partir de forças tanto transcendentes às pessoas quanto numa implicação individual e coletiva. Nesse sentido, o sujeito pode atribuir uma causalidade divina a um determinado fenômeno político, gerando sentimentos de baixa eficácia política, já que as causas do fenômeno teriam origem transcendentais (forças da natureza, razões religiosas, históricas etc.), assim abrindo precedentes para submissões e conformismo diante de uma situação de crise social. Por outro lado, também pode atribuir ao fenômeno político uma causalidade direcionada a ele mesmo, fazendo com que busque soluções individuais para questões sociais. Na inviabilidade de solucionar o fenômeno sozinho, surge o sentimento de autoculpabilização como resposta à crise social. Por último, os indivíduos podem identificar as questões sociais advêm das ações de determinados coletivos e sujeitos. Dessa forma, é possível apontar a origem das causas dos acontecimentos como resultantes das ações de outros grupos ou indivíduos, motivando as pessoas a acreditarem na potencialidade de ações individuais e coletivas como ferramenta de mudança diante de uma situação de angústia social (Sandoval; Silva, 2016).

Em *Sentimentos de justiça e injustiça*, identifica-se a percepção do equilíbrio (ou não) da reciprocidade social no cenário político em que o sujeito está imerso. A relação entre obrigações e recompensas é o que nivela essa balança, e a injustiça é identificada quando se constata o desequilíbrio ou ruptura da reciprocidade (Sandoval, 2001). Entretanto, ressalta-se que a percepção da ruptura nessa relação advém de processos sócio-históricos profundos, sendo necessário determiná-los contextualmente para analisá-los. Frequentemente, observa-se que pessoas participam de movimentos sociais argumentando terem vivenciado situações de injustiça específicas. Por consequência, as reivindicações dos movimentos sociais também são direcionadas para uma situação de injustiça (Sandoval; Silva, 2016).

A penúltima dimensão, *Vontade de agir coletivamente*, diz respeito à viabilidade de as pessoas aderirem (ou não) a ações que objetivem corrigir situações de injustiça ou acessarem novos direitos. O primeiro ponto para tomada de decisão sobre participar de ações coletivas envolve avaliar o custo/benefício da adesão e da fidelidade ao grupo e seus membros. Sandoval (1989) afirma que, a princípio, haveria uma predisposição racional para não participação. Porém, fatores associados aos laços sociais de solidariedade acabam sendo motivadores para que os sujeitos se engajem com seus amigos, parentes e colegas.

O segundo ponto diz respeito a uma diferenciação de classe que direciona a escolha de participação política, balizada pelos gastos e perdas materiais consequentes da adesão do sujeito à ação coletiva. Sobre esse dilema, Sandoval exemplifica considerando "a problemática da participação dos indivíduos nos movimentos sociais da óptica da participação dos custos e benefícios que uma pessoa de camada popular possa ter como resultado de participar ou não participar em um movimento social" (1989, p. 64).

O último aspecto aponta para a identificação dos riscos em participar de ações coletivas. Nesse cenário, o sujeito avalia o impacto das consequências causadas pelo seu engajamento político a partir das pautas reivindicadas e implementadas pelo movimento social. As escolhas se dão pelo compartilhamento de informações e significados próprios que norteiam a participação e o comprometimento das pessoas com o movimento social (Sandoval; Silva, 2016). Essas influências também serão encontradas na dimensão seguinte.

Em *Metas e ações do movimento social*, observa-se como os participantes percebem a equivalência entre seus sentimentos de eficácia política em relação às metas e ações engajadas pelo movimento. Suprir as expectativas que advêm do sentimento de eficácia política garante que os participantes do movimento estejam dispostos a mobilizar os outros componentes da consciência política, viabilizando que a ação coletiva ocorra num cenário de engajamento psicossocialmente harmonioso (Sandoval; Silva, 2016).

Desde sua criação, o modelo de consciência política passou por reformulações. Em 2005, Sandoval apresenta uma mudança fruto da necessidade de refletir sobre o papel das emoções no processo de conscientização dos indivíduos em experiências de participação em ações coletivas. Até então, as perspectivas analíticas dos *frames* categorizavam as dinâmicas sociocognitivas e as emoções de maneira fragmentada, impactando diretamente a análise dos processos de conscientização, pois a emoção era somente agregada ao processo, sem integrá-lo.

Nesse sentido, o autor parte da compreensão de Turner (2005), de que as emoções advêm de experiências marcadas nas memórias das pessoas e que, ao relembrá-las, expressam os sentimentos emotivos das emoções que foram vivenciadas.

Para o autor, os sentimentos emotivos apresentam quatro funções para a participação em ações coletivas: 1) atribuir significado e importância às experiências anteriores do sujeito; 2) afetar o processo de conscientização, instigando a conservação de eventos, pessoas e vivências na memória dos sujeitos; 3) impactar o nível de sociabilidade das pessoas, no que diz respeito à motivação para se agrupar a outras pessoas (ou o contrário); 4) mobilizar a disposição de agir, individual e coletivamente, baseada nas referências anteriormente adquiridas por meio de pessoas, informações e eventos vivenciados.

Figura 2 – Reformulação do modelo analítico da consciência política

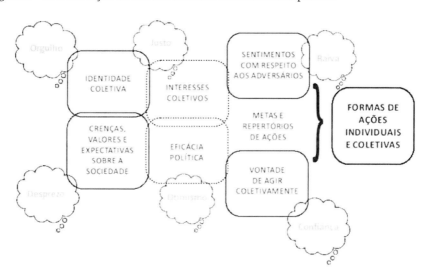

Fonte: elaborado a partir de Sandoval (2001, 2015) e Sandoval e Silva (2016)

A reformulação do Modelo de Consciência Política culminou na retirada da dimensão *Sentimentos de injustiça*, compreendendo sua integração aos demais sentimentos emotivos que agregam outros significados adicionais aos elementos que compõem a consciência política (Sandoval; Silva, 2016). Portanto, uma ampla diversidade de sentimentos emotivos pode compor com quaisquer elementos da consciência política. Esses sentimentos atribuem significados aos conteúdos advindos das representações sociais que se combinam com vivências do passado, assim entrelaçando o processo de conscientização das pessoas com um processo histórico.

O uso do modelo para estudos sobre o conservadorismo

Diversos pesquisadores balizaram seus estudos utilizando o modelo de consciência política desenvolvido por Sandoval (2001), seja na fundamentação teórica, seja como ferramenta metodológica para análise dos dados, ou em ambas as funções. A capacidade adaptativa do uso do modelo chama atenção, visto que, desde o ano de sua criação, é possível identificá-lo como referencial em diversas pesquisas, numa multiplicidade de temas. Suas múltiplas dimensões da maneira de conceber os elementos determinantes da consciência política viabiliza, às pesquisas que utilizam o modelo de consciência política, realizar um olhar amplo sobre as condições dos grupos ou indivíduos que optam em participar, ou não, de engajamentos coletivos em busca de soluções para questões políticas.

Porém, direcionando o olhar aos grupos que defendem uma agenda política conservadora, observa-se um esvaziamento dos debates sobre participação social, como se as reflexões sobre engajamento político, a partir de seu viés social e popular, se restringissem à margem esquerda do espectro político. Lynch e Cassimiro (2022) ressaltam a incongruência dessa escassez de estudos, haja vista a ascensão contemporânea do populismo de extrema direita que, de certa forma, faz uso de repertórios e estratégias militantes características do campo progressista. Os autores afirmam que, no que concerne ao radicalismo na extrema direita, esta se caracteriza como um populismo reacionário, diferindo do populismo de esquerda no seguinte aspecto:

> [...] enquanto o milenarismo da esquerda repousa nas expectativas de uma redentora nova ordem social composta de homens reformados conforme princípios igualitários, o milenarismo de direita é alimentado pela sensação de decadência e temores apocalípticos de uma nova era de trevas. (Lynch; Cassimiro, 2022, p. 24).

Sugere-se, portanto, que há mais semelhanças do que diferenças entre essas formas de engajamento político consideradas antagônicas, não sendo a participação social uma exclusividade da agenda política progressista. Porém, é plausível que a manutenção desse antagonismo perdure, visto que serve de ancoragem para a própria mobilização da participação política em ambos os espectros. Afinal, a personificação do adversário é combustível essencial para instigar emoções e apelos populares que podem desembocar em engajamento político. Não à toa, uma das dimensões do modelo de consciência política desenvolvido por Sandoval (2001) diz respeito justamente aos sentimentos diante dos adversários.

Numa busca preliminar de artigos científicos publicados, desde 2001, sobre consciência política, que utilizaram o modelo desenvolvido por Sandoval (2001), não foram encontrados estudos que apresentassem como objeto de estudo a formação da consciência política e/ou o comportamento político de indivíduos e grupos localizados à direita do espectro político. Em face da ausência de estudos, o uso do modelo, neste livro, inova pelo desafio em romper com paradigmas preconcebidos sobre a consciência política de indivíduos e grupos conservadores que, com frequência, têm suas expressões de consciência política associadas a um estado de letargia ou até mesmo ausência de consciência política. Acredita-se que o uso do modelo pode desvelar tais percepções, que ainda circundam o imaginário acadêmico, diante da escassez de estudos sobre o tema.

Sendo assim, o uso teórico-metodológico do modelo de consciência política nesta pesquisa teve por intuito revelar os conteúdos sociocognitivos e seus significados de indivíduos e grupos que se nomeiam "gays de direita". Entende-se que o uso do modelo auxiliou a compreender o processo de conscientização de seus participantes no engajamento político de modo integrativo, reconhecendo o movimento e a historicidade implicados em suas ações individuais e coletivas.

PARTE II

UM CAMPO EM MOVIMENTO

RELATOS DOS CAMINHOS SINUOSOS DE UMA ETNOGRAFIA DIGITAL/ANALÓGICA

Aqui, apresento o percurso metodológico da pesquisa e os dados colhidos no campo mediante o acesso a materiais da internet (vídeos e postagens feitas no Instagram, notícias e entrevistas divulgadas em mídias digitais), do diário de campo de minhas participações em manifestações e de entrevistas semiestruturadas.

Minhas primeiras movimentações para a realização do campo sofreram os impactos produzidos pela pandemia da Covid-19, dada a necessidade de isolamento e a morosidade para acesso às vacinas, o que tornou a realização do campo desafiadora e, por vezes, arriscada. Como então me aproximar dessas pessoas? Optei pelo recurso contemporâneo mais ágil para começar a construir esta resposta: a internet. Assim, a estratégia inicial de exploração do campo voltou-se para os elementos compartilhados cotidianamente pelas redes sociais, em especial o Instagram. A partir dessas buscas iniciais, abriram-se os caminhos para o que chamo de "campo analógico", de modo que, conforme foi aumentando a cobertura vacinal e diminuindo o número de óbitos, pude realizar as etapas em que a presença física era necessária, envolvendo a participação em manifestações e a realização de entrevistas semiestruturadas.

No entanto, esse movimento inicial me levou a buscar referências e teorizações sobre o tema da etnografia digital, gerando outra questão: por que a etnografia digital com esse público seria estratégica para o desdobramento da pesquisa?

Marcos Nobre, no livro *Limites da democracia: de junho de 2013 ao governo Bolsonaro* (2022), destaca que a ascensão contemporânea da extrema direita no Brasil advém do contexto das manifestações de junho de 2013. Na perspectiva do autor, antes que a energia social daquele fenômeno se dissipasse, a extrema direita canalizou-a, mobilizando o engajamento político necessário para materializar sua agenda política. Porém, o autor assevera que isso só foi possível porque havia um processo de mudança da democracia para o campo digital, fato não percebido pelos representantes políticos, institucionais e de referência daquele momento. Nessa transformação, houve uma perda significativa do protagonismo na formação de juízo de valor e comportamento político produzido habitualmente por partidos tradicionais e mídias *mainstream*. Consequentemente, abriu-se o caminho que viabilizou a construção da candidatura de Jair Messias Bolsonaro, o líder populista de um partido digital que burlou o sistema político — ainda organizado com estrutura analógica — e, com recursos cibernéticos, venceu as eleições e pôs em prática a agenda política que o representa (Nobre, 2022).

Era preciso, então, entender a formação do sistema cibernético que alavancou a ascensão conservadora contemporânea no Brasil e como as plataformas das redes sociais, mais especificamente, foram utilizadas para organizar a participação social que culminou na formação do que se chama de "bolsonarismo" atualmente. Importava também identificar características estruturais dessas ferramentas que poderiam ter supostamente favorecido o engajamento político desta população. Para além disso, outra questão se colocava relativa aos homossexuais de direita: como as redes sociais se tornaram espaço de encontro dessas vozes dissonantes dos movimentos de gênero e sexualidade do campo progressista, impulsionando outras formas de engajamento político, individual e coletivamente? Lancei-me, assim, ao desafio de compreender o funcionamento da máquina, apostando que isso traria pistas para conhecer quem dela faz uso.

Desvendando a etnografia nas mídias digitais

A compreensão da etnografia como uma caixa preta de avião transcende a compreensão de leituras objetificadas dos fenômenos da sociabilidade. A analogia trazida por Jean Segata (2014) apresenta uma reflexão crítica sobre os tradicionais estudos etnográficos ainda muito focados no trabalho dos dados identificados nas observações, mas pouco atentos a relacioná-los e a implicá-los com o próprio pesquisador.

O autor explica que o início dos estudos etnográficos no ciberespaço possibilitou a reflexão no sentido de evidenciar ainda mais a etnografia como um método interpretativo das experiências vividas no campo de estudo e problematizadas pelo pesquisador. Segata (2014) pontua que a primeira "caixa preta" da etnografia advém da capacidade dos registros e relatos do antropólogo em desenhar o sistema, para isso ele precisa entrar nesse sistema. Há vida acontecendo na internet, relacionando-se e sendo bordeada como em tantos outros campos de estudos etnográficos tradicionais. Cabe ao pesquisador testemunhar e interpretar esse sistema, registrando no seu texto a inscrição de uma realidade para aquele fenômeno vivido. Portanto, o próprio pesquisador é uma caixa preta, por ser um ponto de intersecção entre o que se vê e o que se interpreta, por isso a realidade que ele inscreve se produz sob condições especiais, segundo a posição em que se encontra neste sistema.

Porém, o autor afirma que as redes estruturantes do ciberespaço têm por característica um sistema no qual as conexões transportam as informações por longas distâncias com o objetivo (pelo menos inicial) de mantê-las intactas. Nesse sentido, define que a relação de entrada e saída na internet é característica de um sistema fechado, já que se desconhece o caminho que as informações percorrem, tendo acesso a elas somente no início desse percurso, ou no fim dele. Os registros das informações, o alcance, o direcionamento e seus arquivamentos fazem parte da lógica deste sistema. A rapidez, a fluidez e a liquidez dos conteúdos também são características importantes a serem consideradas nesse caso. Além disso, os recursos linguísticos (imagem, som, vídeo, texto etc.) para propagação das informações também constituem a estrutura do ciberespaço.

É importante ressaltar que todos os registros humanos (interações, conversas, percepções, vínculos etc.) têm o mesmo grau de importância para o processo etnográfico. Segata cita o termo "ator-rede", cunhado por Bruno Latour (2012), que trata dos resultados (ainda que primários) das associações entre a ação humana e a estrutura do sistema do ciberespaço. Ou seja, o sistema fechado só se torna rede quando há uma ação que o movimenta. Portanto, a compreensão do ator-rede é um ponto de partida importante na análise etnográfica, já que é por meio dela que se organizam as experiências do pesquisador para a produção textual do que foi vivido por ele.

Cabe aqui salientar a importância desse entendimento sobre etnografia para este trabalho. O acompanhamento diário do Instagram de homossexuais que se autonomeiam conservadores e "de direita" trouxe a possiblidade de começar a navegar por esse sistema. No início do trabalho de campo, ao entrar todos os dias nos perfis dessas pessoas, fui construindo minha caixa preta de pesquisadora, com interpretações das postagens e interações que ocorriam dentro dos perfis acompanhados no Instagram. Ao longo dessas observações, novas portas metodológicas se abriram para aprofundar meu mergulho no campo de estudo, como a participação em manifestações e as entrevistas semiestruturadas. Por consequência, a compreensão do processo etnográfico como uma experiência foi dando bordas para a inscrição de uma realidade nenhum pouco conhecida no meio acadêmico: o processo de formação da consciência política de homossexuais de direita, individual e coletivamente, no Brasil.

Comecei a buscar por informações que esclarecessem as estruturas dos sistemas que abarcam as plataformas utilizadas pelas redes sociais dos perfis estudados. No caso da ascensão da extrema direita no Brasil, representada pelos nomeados "bolsonaristas", apoiadores do político Jair Messias Bolsonaro, Rodrigo Nunes (2022) aponta que, para uma compreensão mais abrangente do fenômeno, é necessário considerar níveis distintos de análise: as diferentes matrizes discursivas; as gramáticas comuns; as condições afetivas e a infraestrutura organizacional.

A primeira desenha as alianças entre classes em torno de referenciais comuns. Seja por aspectos de identidade, seja por questões políticas, há mais pontos de aderência do que interesses divergentes agregados a esta relação. Nesse sentido, as matrizes discursivas produzem gramáticas comuns — o segundo nível de análise apontado pelo autor. Por exemplo, embora haja diferenças entre o anti-itelectualismo e o militarismo das classes altas se comparados com as classes baixas, existe uma gramática que uniformiza os discursos, produzindo sujeitos prontos para combater aquilo que o discurso homogeneizador identificou como inimigo.

De modo geral, a disposição afetiva mobilizada por ressentimentos dos bolsonaristas bordejam o estado de ânimo coletivo que ofereceu às suas matrizes discursivas algo para se vincular. No entanto, o engajamento político daqueles que se identificam como apoiadores do bolsonarismo se diferencia, ainda que as teses defendidas nessa agenda política tendam a um populismo radicalizado de extrema direita. Estima-se que o segmento radicalizado de bolsonaristas corresponda a 15% de seus apoiadores[5].

O último nível de análise salientado por Nunes (2022), a infraestrutura organizacional, atenta-se para as características do sistema cibernético das redes sociais, pois sua estrutura viabilizou estratégias de comunicação necessárias para propagar e mobilizar o bolsonarismo. Letícia Cesarino (2022) explora os estudos da cibernética para compreender as especificidades que estruturam as plataformas digitais, afirmando que o modelo de negócio de empresas de tecnologia, como YouTube, Facebook, e no caso estudado nesta obra, o Instagram, favorecem e facilitam a formação do engajamento político de um populismo de extrema direita.

---

[5] Dados retirados da reportagem de Reginaldo Prandi, "Adeptos fiéis a Bolsonaro são 15% da população adulta, indica Datafolha". *Folha de S. Paulo*, 2 de julho de 2020.

A estrutura de pensamento algorítmico tem por característica muitas similaridades com o pensamento humano. De modo geral, trata-se de uma lógica sequencial que, a partir de um comando de entrada, geram processos que produzem resultados transformados por esta sistematização. Porém, o autor explica que a causalidade circular característica do sistema cibernético vai "devolver" o resultado produzido pela sistematização algorítmica, gerando um aprendizado e um ajustamento do sistema cibernético ao ambiente no qual ele interage. O aperfeiçoamento dessa retroalimentação do sistema só é possível pela interação humana com as máquinas algorítmicas. Portanto, as inovações nos serviços das plataformas digitais se baseiam nos resultados advindos destas interações, tornando esses resultados cada vez mais próximos do que caracteriza o comportamento humano — no que interessa a este estudo, resultados que impactam e influenciam a formação e as expressões da consciência política.

No que concerne a esse campo, Cesarino (2020) busca explicar o "populismo digital" referindo-se à estrutura da mídia digital, aos mecanismos discursivos e à tática política para edificação da hegemonia. A autora afirma que esse mecanismo foi relevante para a organização do então candidato à presidência, Jair Messias Bolsonaro, nomeando-o como "populismo digital estruturante da campanha" (Cesarino, 2020, p. 95).

A peculiaridade do uso das plataformas digitais durante a campanha do candidato — mais especificamente o WhatsApp — explorou os efeitos da interação algorítmica como ferramenta estratégica de campanha. Vale ressaltar que a estrutura desse aplicativo tem por característica ser pouco pública e relacional, isolando seus usuários de discursos e informações dissonantes das que estão habituados. Segundo Raquel Recuero, Gabriel Zago e Felipe Bonow Soares (2021), o efeito dessa estratégia teve como resultado a geração de uma "realidade paralela", cuja relação com o entorno estava repleta de *gatekeepers* digitais — influenciadores e grupos, além de *bots* e mediadores não humanos — responsáveis por controlar informações e influenciar os navegadores de suas plataformas, limitando os dados apenas àqueles pertinentes à agenda política defendida.

De outra parte, Ralph Schroeder (2018) ressalta a importância das mídias digitais não *mainstream* para o sucesso das forças populistas, tendo partidos e movimentos políticos usufruído de uma enorme vantagem viabilizada pelas mídias digitais em comparado as mídias tradicionais. Por consequência, tais mudanças influenciaram diretamente a transformação do comportamento político, mobilizando seus usuários a uma diversidade de formas de engajamento político, da mobilização ao voto. No entanto, Nobre (2022) coloca que as novas mídias, em especial a mídia digital, tendenciaram a estrutura da experiência política por dois caminhos distintos e polarizados: o desengajamento e o hiperengajamento. Nesse sentido, favorecidas pelas mídias digitais, as forças populistas radicalizadas se tornaram influentes na internet, pavimentando espaços de visibilidade e articulações para que extremismos políticos e polarizações, que antes eram agências pouco expressivas nas mídias tradicionais, se tornassem protagonistas no campo político.

Entretanto, Cesarino pondera que as características antiestruturais não advêm apenas do comportamento "automático" do sistema cibernético. Elas seriam materialmente orientadas "por uma infraestrutura técnica construída, ela mesma, com pressupostos invertidos" (Cesarino, 2022, p. 89). Resulta daí a produção de uma cortina de fumaça entre usuários e o sistema algorítmico, e entre as plataformas e os recursos de regulação da democracia.

Outro ponto central para compreender o mal-estar ligado ao modus operandi introduzido pelas novas mídias digitais é a especificidade da relação entre agente e ambiente. Segundo a autora,

> Os ambientes das novas mídias são construídos a partir de um pressuposto inverso àqueles que orientam a normatividade e o senso comum moderno liberal: o usuário humano não é o agente, mas o *ambiente*, para agência de sistemas não humanos. É assim que se estruturam não apenas as arquiteturas cibernéticas das plataformas mas a própria lógica econômica que orienta o *mainstream* da indústria *tech*. Parte da força política desses agentes não humanos – bem como dos agentes humanos que eles se aproveitam – advém, como em outros casos, da invisibilidade desses pressupostos. (Cesarino, 2022, p. 89).

A infraestrutura das mídias digitais gera um aceleramento da temporalidade, favorecendo, grosso modo, o afastamento dos indivíduos do controle cognitivo desses processos via o realce de posições extremistas, localizadas, de um lado, numa sensação ilusória de soberania individualizante no fazer política, e de outro, numa ilusão de neutralidade das relações com o sistema. Desse modo, o sistema acaba sendo empurrado para um estado distante do equilíbrio, já que necessita de relações polarizadas para seu pleno funcionamento (Cesarino, 2022).

A estrutura e dinâmica do sistema cibernético é de base não linear e holística. Isso posto, as postagens e interações via Instagram foram acompanhadas de maneira longitudinal e diariamente, conforme o recorte temporal delimitado. No decorrer das observações, eram nítidas as interferências estruturais da plataforma digital para eficácia (ou não) da mobilização política. Alcance, engajamento, compartilhamentos, oscilações no número de seguidores, bloqueios temporários e denúncias de perfis "inimigos" eram dilemas frequentes no cotidiano digital dos influenciadores acompanhados. Com o passar do tempo, a aparência de certa "rotina" foi tomando contornos mais fortes por conta de as temáticas abordadas estarem sempre alinhadas com as crenças e valores da extrema direita. Daí a necessidade de buscar por referências em outras estratégias de engajamento político, talvez mais "tradicionais".

A partir de interações diretas com os perfis acompanhados, foi possível migrar do campo digital para o que chamo de "campo analógico", acompanhando manifestações de rua e realizando entrevistas. Ressalto esse movimento como um diferencial na pesquisa, tendo em vista as especificidades estruturais de cada campo. O anonimato do pesquisador nas observações das redes sociais acaba quando a interação direta acontece. Existe de fato um humano organizando aqueles conteúdos postados diariamente? Se sim, qual seria sua reação diante da minha aproximação literal como pesquisadora? Estaria disposto a conversar ou, até mesmo, a se encontrar comigo fora do ambiente digital? A seguir, descrevo os detalhes desse percurso.

Primeiros passos no ambiente digital

Considero o mapeamento dos perfis no Instagram como ponto de partida para o conhecimento do campo. Como dito anteriormente, diversos autores reforçam a desenvoltura superior da extrema direita no campo digital, se comparada ao engajamento progressista, salientando sua facilidade para mobilizar apoiadores e agenda por meio dos recursos oferecidos pelas plataformas digitais (Cesarino, 2022; Nobre, 2022; Nunes, 2022). Por esse motivo, a escolha em iniciar o campo pelo mapeamento dos perfis se mostrou uma boa estratégia.

Os primeiros trabalhos de campo virtual ocorreram em fevereiro de 2021, com o início das observações no Instagram, buscando por perfis identificados como gays ou lésbicas conservadores. A escolha dessa rede social em particular se deu pela forma de compartilhamento de informações digitais que ocorre entre usuários, tendo como característica principal o uso massivo de imagens e vídeos, tais como: registro de fotos, prints de outras plataformas digitais, áudios e vídeos de aplicativos de mensagens e uma infinidade de outras possibilidades para compartilhamento de informações. Outro fator importante para escolha foi a comunicabilidade entre os perfis e seus seguidores, com uma diversidade de recursos para viabilizar esta interação. Supus que essas características facilitariam a estratégia para a produção de dados no ambiente virtual e para o contato posterior com os perfis escolhidos para a entrevista.

Para iniciar as observações, criei um perfil próprio no Instagram contendo apenas minha foto e identificação, para, assim, realizar as buscas na plataforma. O intuito principal era resguardar a pesquisa de possíveis negativas a partir de um perfil existente, sabendo que a exposição de conteúdos discrepantes, dos quais os observadores não se aproximassem, política e ideologicamente, poderia ser um problema para o desenvolvimento da observação, bem como para as fases seguintes de acompanhamento do campo.

Com isso em mente, comecei uma busca por perfis abertos utilizando a combinação de algumas palavras-chave, tais como: gay de direita, gay conservador, gay bolsonarista, gay com Bolsonaro, lésbica conservadora, lésbica de direita, sapatão conservadora, homossexual conservador e homossexual de direita.

Já nos primeiros resultados, identifiquei uma quantidade significativa de perfis, porém raros aqueles em que era possível verificar sua veracidade e quem estava por trás das postagens. A princípio, foram escolhidos dois perfis para desenvolver uma observação não participante em suas redes sociais: o de um homem cisgênero homossexual e o de uma mulher cisgênero lésbica. Os critérios de escolha foram: maior número de seguidores, maior frequência de uso da plataforma digital e quantidade de interações, além de postagens no *feed*. Foram três meses de acompanhamento diário, em que, a cada dia, copiava as postagens ocorridas e relatava num diário as interações observadas e minhas percepções sobre elas.

No entanto, no decorrer do acompanhamento dos perfis, fui me deparando com outros sujeitos e grupos, alguns aspirantes a influenciadores, outros só apoiadores, e um desenho do cotidiano dos homossexuais conservadores foi se tornando cada vez mais claro. Uma articulação digital significativa estava (e ainda está) acontecendo nas redes sociais, emplacada pela ascensão institucional da extrema direita no Brasil, e pessoas não heterossexuais, em sua maioria gays, faziam (fazem) parte dessa mobilização. O uso do sobrenome do então presidente como sinônimo para vincular o perfil a uma posição política conservadora era um fenômeno corriqueiro, bem como a identificação por estado em relação aos nomes dos perfis.

Finalizado o período de três meses, continuei acompanhando os perfis e suas interações, porém de maneira informal. Entretanto, em 28 de junho de 2021, sugestionada pelos próprios algoritmos do Instagram, identifiquei um novo perfil na plataforma que se apresentava como um grupo de gays de direita nacional, com atividades de mobilização virtual e convocações para ações presenciais dos seus seguidores. Assim, decidi acompanhar as postagens desse perfil.

Já o último perfil a entrar no acompanhamento da pesquisa ocorreu num movimento inverso aos demais escolhidos no início do campo, em 2021. Durante uma manifestação no dia 7 de setembro do ano seguinte, conheci e conversei presencialmente com um influenciador digital que se identificou como integrante dos dois grupos mapeados ao longo das observações. Após meu convite, ele se prontificou a participar da pesquisa como entrevistado. Portanto, nesse caso, o mapeamento do perfil pessoal no Instagram da pessoa entrevistada ocorreu apenas após a entrevista.

Mapeamento dos perfis e a virada analógica

Os primeiros passos para a realização dos mapeamentos foram árduos. A quantidade de interações era enorme, pois se ramificavam nas possibilidades de recursos disponibilizados pela plataforma. Por exemplo, era comum ter que acessar outras fontes de dados, como sites de jornais, blogs, plataformas de vídeos (YouTube), e outras redes sociais (Facebook, Twitter), para além do Instagram. Passava, em média, duas horas diárias colhendo os materiais e alimentando o diário de campo. A sensação, nas primeiras coletas, era de que seria impossível acompanhar tantas informações compartilhadas, mesmo num trabalho diário. Contudo, ao longo dos dias, fui me deparando com uma estratégia tautológica desses perfis no uso da plataforma, pois se valiam de uma infinidade de formas de dizer as mesmas coisas, aquelas que fazem parte de uma determinada agenda política.

A repetição de ideias tinha destino e objetivo claro: mobilizar, fidelizar e engajar cada vez mais pessoas a seguirem os perfis, e, indiretamente, influenciar a formação e a expressão da consciência política. Os resultados dessas ações expunham os perfis tanto em relação ao aumento no número de seguidores, engajamento e viralização de postagens compartilhadas quanto em relação às situações de cancelamento, restrição e suspensão de conteúdos monitorados e gerenciados pelas políticas da plataforma.

Durante o mapeamento, também foram considerados os fenômenos sociais que ocorriam e influenciavam as temáticas das próprias postagens. Exemplos disso foram decisões do governo sobre a condução da pandemia; prisões de líderes políticos conservadores pelo Supremo Tribunal Federal; morte de celebridades; mudanças nas políticas da plataforma e demais situações que servissem como temáticas estratégicas para mobilizar, fidelizar e engajar seus apoiadores. Essas informações foram descritas nos relatos do diário de campo, acompanhadas das imagens das postagens.

A apresentação dos resultados advindos da aproximação gradativa dos perfis escolhidos no Instagram se desenvolveu numa dinâmica contínua, entre idas e vindas nos espaços digitais e analógicos pertinentes ao campo desta pesquisa. Ressalto que os nomes dos participantes permaneceram em sigilo, atendendo aos princípios éticos, sendo adotados os nomes fictícios Renato, José, Mariana e Fernando; algumas informações que poderiam facilitar a identificação também foram omitidas. As fotos utilizadas como amostra da coleta de dados inseridas, ao longo do texto, foram modificadas a fim de preservar a imagem, o sigilo e o anonimato dos participantes. Os quatro sujeitos escolhidos para observação dos perfis no Instagram e convidados para entrevista identificam suas orientações sexuais nas páginas da rede social como gays e lésbica.

Ainda que tenham sido contatados vários perfis para a realização de entrevista, apenas quatro se efetivaram, conforme o quadro a seguir.

Quadro 1 – Perfis mapeados no Instagram e convidados para realizar a entrevista

Perfil	Participação Política
Renato	Influenciador digital, vinculado a um grupo de gays apoiadores do candidato Jair Messias Bolsonaro
José	Influenciador digital, vinculado a um grupo que se intitula de gays posicionados à direita no espectro político.

Perfil	Participação Política
Mariana	Influenciadora digital, com cargo político na cidade onde reside.
Fernando	Influenciador digital, integrante do mesmo grupo de Renato

Fonte: elaborado pela autora

Sobre a realização das entrevistas semiestruturadas, foram feitas três: uma presencialmente, no dia 7 de setembro de 2021, com José e alguns integrantes do grupo do qual ele é presidente; e as outras duas por videoconferência, no dia 23 de fevereiro de 2022, com Renato, e no dia 19 de setembro de 2022, com Fernando.[6] A entrevista com Mariana chegou a ser agendada duas vezes, porém não foi possível realizá-la por impedimentos relacionados ao seu cargo político, conforme argumentado por seu assessor.

A seguir, apresento um breve descritivo de cada sujeito da pesquisa e dos grupos que integram.

Renato, 32 anos, gay

Renato e seu companheiro fazem parte do maior grupo oficial de homossexuais apoiadores do então presidente Jair Messias Bolsonaro no Instagram, contando, na época das eleições de 2022, com quase 45 mil seguidores. Tanto o perfil pessoal de Renato quanto o da página oficial de homossexuais que apoiavam o ex-presidente apresentavam postagens com temáticas semelhantes, sendo muitas delas repetidas.

Durante as observações de seu perfil, foi possível concluir que Renato se formou em Direito em uma universidade de um estado do Nordeste. Entretanto, inúmeras postagens retratavam trabalhos como ator de teatro e cinema, bem como aparições na TV.

Desde o início do seu perfil na rede social, Renato já compartilhava postagens com algum tipo de conteúdo político. Outro fato observado foi a quantidade significativa de compartilhamento de postagens associadas a conteúdos sobre políticas econômicas liberais e sua mobilização pelas hashtags como #aliberdadevemcontudo, #freedom, #libertarian, #menosestadomaismercado etc.

---

[6] Todos os entrevistados assinaram o TCLE, devidamente autorizado e aprovado pela comissão de ética e pesquisa da universidade via Plataforma Brasil. (Parecer consubstanciado de aprovação nº 6.025.761).

Em junho 2018, Renato começou a compartilhar postagens sinalizando apoio a Jair Messias Bolsonaro. Paralelamente a isso, surgiu o grupo de apoio ao candidato denominado Gays com Bolsonaro, e a primeira postagem com referência às eleições daquele ano trazia uma afirmação do então candidato em relação ao casamento gay: "Vá ser feliz! Se me convidar pro casamento, se puder, eu vou!", com uma foto do candidato fazendo um coração com as mãos.

Entrei em contato com Renato por mensagem no Instagram na tentativa de convidá-lo para realização de uma entrevista. Ele prontamente retornou, porém questionou as intenções da conversa, alertando que não participaria de estudos com viés ideológico de esquerda. Mesmo após os esclarecimentos sobre a postura ética do estudo apresentados por mim, ele não retornou mais. Porém, passados quase cinco meses da primeira tentativa, contatei-o novamente, argumentando a importância de sua contribuição, tendo em vista sua participação no grupo de apoio ao então presidente na época e o número significativo de seguidores do perfil do grupo no Instagram. Após essa nova tentativa, ele aceitou realizar a entrevista.

José, 26 anos, gay

José fez parte do grupo Gays de Direita Brasil. Deparei-me com seu perfil no decorrer das observações do perfil de Renato e em meio às interações com outros grupos de gays de direita, sendo seu perfil sugerido pelo próprio algoritmo do Instagram.

O perfil de José no Instagram era relativamente recente, com a primeira postagem ocorrida em maio de 2018. De maneira geral, suas postagens iniciais não apresentavam cunho político, retratando apenas seu cotidiano, com fotos de atividades profissionais, festas e turismo.

Entretanto, durante as leituras, identifiquei fotos de José com Renato em ações antigas do grupo Gays com Bolsonaro, ocorridas no ano de 2020. A primeira postagem de José com conteúdo político é uma foto na qual ele aparenta estar em um evento, dando entrevista, vestido com a camiseta desse grupo.

Pouco mais de um ano após essas postagens, ele criou o perfil do grupo Gays de Direita Brasil, no dia 28 de junho de 2021, postando a divulgação de um evento virtual, tendo, entre os convidados, o próprio José.

A *live* foi realizada no Instagram, e todos os convidados dispunham de perfis na plataforma: eram seguidores do grupo e tinham suas orientações sexuais identificadas na foto compartilhada na postagem.

Um fato interessante observado no perfil do grupo de José são algumas postagens apagadas ao longo de sua existência. Os compartilhamentos deletados tratavam da divulgação de um evento específico que convocava interessados em participar do primeiro encontro de gays de direita brasileiro. Havia vídeos publicitários, contatos para inscrição, entre outros informativos divulgando o evento no período em que a coleta de dados ocorreu.

O contato com ele foi feito via mensagem de Instagram, à qual ele retornou aceitando prontamente o convite para entrevista. Por coincidência, José e outros integrantes do grupo estariam em São Paulo para participar das manifestações a favor do presidente no dia 7 de setembro de 2021. Por isso, sugeriu que a entrevista ocorresse presencialmente. A entrevista com ele e os demais integrantes do grupo foi realizada nessa data, poucas horas antes de irem para a manifestação.

Por fim, vale salientar que, em 11 de janeiro de 2023, logo após as manifestações ocorridas em 8 de janeiro de 2023 que questionavam a derrota das eleições à presidência do então candidato de campo conservador, todas as postagens do perfil do grupo de José foram apagadas, restando apenas uma com os dizeres: "COMUNICADO: O Gays de Direita Brasil encerra por hoje as suas atividades, por algum tempo. Podendo voltar a qualquer momento. E gostaríamos de agradecer a todos vocês que sempre nos acompanhou durantes esses dois anos de atividade. Que Deus abençoe o nosso Brasil, abençoe nossa vida! Ah, e não se esqueça #SomosUmPeloBrasil".

Mariana, 29 anos, lésbica

Mariana foi eleita para um cargo político de uma cidade da região Sul do país nas eleições municipais de 2020, utilizando como campanha seu nome no aumentativo junto do termo "opressora".

Durante as observações do perfil de Mariana, identifiquei que sua primeira postagem de cunho político datava de 10 de junho de 2016. Na foto, Mariana segura um cartaz com os dizeres: "Minha (imagem de um revólver) minhas regras", fazendo alusão a um jargão conhecido no debate feminista ("Meu corpo minhas regras").

As postagens seguintes revelaram suas filiações políticas, como a foto com o político Filipe Barros que, em 2018, se tornou Deputado Estadual pelo Paraná, e com Eduardo Bolsonaro, Deputado Federal desde 2018 por São Paulo. Segundo reportagem veiculada em 3 de fevereiro de 2021[7], Mariana afirma que se engajou na campanha de Filipe no pleito de 2016, o que culminou posteriormente no estímulo à sua candidatura a um cargo político em 2020.

Em relação a sua orientação sexual, Mariana se nomeia nas postagens como "sapatão raiz". É possível identificar em seus primeiros conteúdos compartilhados no Instagram marcações, como *butch*, *dyke*, *lesbians*, *gay*, *lgbt*. Entretanto, após a postagem com Eduardo Bolsonaro, Mariana não realizou mais nenhum compartilhamento com essas *hashtags*. Esse momento de "virada política" de seu perfil é acompanhado do compartilhamento de postagens associando sua orientação sexual exclusivamente ao se referir à sua esposa, relacionamento que se supõe ter iniciado no decorrer de 2018. Além disso, observaram-se diversas postagens sobre algumas temáticas abordando pautas relativas a costumes caras aos conservadores, tais como ideologia de gênero e antiaborto.

A tentativa de convite para realização da entrevista com Mariana infelizmente não foi exitosa como as demais. Minha primeira aproximação ocorreu em agosto de 2021, via mensagem no Instagram. Mariana prontamente retornou, passando seu celular, mas, após algumas tentativas de contato, ela informou que estava com problemas de horários e, quando estivesse mais tranquila, me procuraria. Depois de alguns meses, seu assessor mandou uma mensagem de outro número, informando que ele faria os trâmites para agendar uma entrevista. Porém, apesar de eu fornecer prontamente todas as informações necessárias para esse fim, ele comunicou que Mariana não assinaria o Termo de Consentimento de Consentimento Livre e Esclarecido (TCLE).

Fiz uma contraproposta ao assessor, solicitando que ela realizasse a entrevista e autorizasse oralmente sua utilização para análise dos dados. Dias depois, ele retornou dizendo que Mariana havia aceitado o convite e agendamos a entrevista para o dia 4 de abril de 2022. Entretanto, no dia combinado, ele entrou em contato novamente, solicitando que a entrevista fosse feita por escrito. O motivo seria que sua equipe de assessoria

---

[7] Reportagem disponível em: https://revistaesmeril.com.br/entrevista%e4%b8%a8*******-so-pensa-em-lutar-pela-familia/.

jurídica tinha orientado que não Mariana não realizasse nenhum tipo de entrevista com temáticas "Gays e LGBT", pois ela estava respondendo um inquérito por homofobia.

Visando obter a entrevista no formato remoto e presencial, reforcei a importância da assinatura do termo do TCLE como instrumento que resguardaria seu sigilo, já que seus dados de identificação não seriam divulgados para cumprimento dos aspectos éticos da pesquisa. Em resposta, seu assessor se prontificou a repassar as informações do TCLE à assessoria jurídica e a entrar em contato assim que obtivesse retorno. No entanto, após novo contato, retornou dizendo que não seria possível realizar a entrevista vistos os impedimentos mencionados anteriormente.

Mesmo sem a entrevista com Mariana, optei por manter seus materiais coletados nas plataformas digitais, entendendo sua relevância e contribuição para a construção dos personagens deste livro e suas análises, bem como o caráter de acesso livre que caracteriza as informações obtidas no contexto digital, pois se trata de perfil público.

Fernando, 27 anos, gay

Diferentemente dos demais participantes, conheci Fernando presencialmente durante uma manifestação ocorrida no dia 7 de setembro de 2022. Durante meu trabalho de campo, identifiquei-o num carro de som, vestido com uma camiseta preta com a estampa do candidato à reeleição Jair Messias Bolsonaro e uma bandeira do arco-íris que cobria suas costas. Assim que tive oportunidade, me aproximei e perguntei se ele tinha notícias de Renato, supondo que eles se conhecessem, pois estava no mesmo carro de som em que Renato faria uma fala aos participantes da manifestação, comentando que havia tentado entrar em contato para nos encontrarmos, porém sem retorno. Fernando foi extremamente receptivo e simpático à minha abordagem e disse conhecer tanto Renato quanto José, inclusive comentou que era integrante de ambos os grupos dos quais eles participavam.

Diante da sua abertura imediata para a conversa, expliquei a ele sobre meu interesse em conhecê-lo melhor e perguntei se teria interesse em participar de uma entrevista, visto seu engajamento político como gay conservador. Ele respondeu positivamente, e trocamos contatos para agendarmos a entrevista por videoconferência.

Antes de agendar a conversa, busquei verificar a página do Instagram indicada por Fernando como seu perfil de ativista político. Além do Instagram, ele dispõe de perfil no Twitter, Youtube e TikTok. Há também a indicação de uma página no Facebook, que não estava disponível para acesso no momento da observação.

A página contém postagens desde 27 de julho de 2020 e foi criada exclusivamente para compartilhar conteúdos políticos sobre ser um gay conservador. Quando fiz a observação prestes a entrevista, Fernando possuía pouco mais de 50 mil seguidores, e muitas das suas postagens eram imagens de textos escritos por ele no Twitter.

Apesar de as primeiras postagens no perfil do Instagram datarem de 2020, as experiências de Fernando na política se iniciaram em 2014, quando fez parte de um grupo no Facebook que se posicionava contra os trabalhos desenvolvidos pelo então deputado do campo progressista. Na época, o deputado criou o Projeto de Lei n.º 5002/2013, intitulado "Lei João W Nery", que tinha por objetivo regulamentar o direito à identidade de gênero no país. Ocorre que o projeto de lei gerou polêmicas entre os congressistas da ala conservadora, principalmente na parte da lei que diz respeito ao direito à identidade de gênero das pessoas menores de idade.

Mobilizado pela temática de moralidade conservadora que enquadrava o projeto de lei, o grupo do qual Fernando fazia parte no Facebook já tinha um número expressivo de seguidores em pouco mais de três semanas. A viralização da página chamou atenção de lideranças conservadoras no Congresso, e Fernando foi convidado para participar de uma audiência pública em Brasília sobre o Estatuto da Família.

De 2014 até as eleições de 2018, Fernando participou organicamente da política no campo conservador, tanto no ambiente digital quanto em atos e manifestações, mas em nenhum momento desse período se identificou com gay conservador, inclusive mantendo em segredo sua orientação sexual no ambiente político. Entretanto, retomou seu comportamento político mais ativamente em 2020, após conhecer a mobilização do grupo organizado por Renato, tornando público, já nas postagens iniciais, sua orientação sexual associada ao campo político conservador.

Realizei a entrevista com Fernando em setembro de 2022. No entanto, ele solicitou ajustes em comentários que fez durante a conversa em duas ocasiões: a primeira, no dia 23 de setembro de 2022, e segunda no dia 30 de setembro de 2022. Na última, comunicou em específico ter se desligado do grupo Gays de Direita Brasil, segundo ele, por motivos que iam contra sua conduta e índole (sic). Razão pela qual saliento, aqui, seu pedido de desassociá-lo do movimento, considerando os princípios éticos previstos para entrevista.

Observações nas manifestações de rua

No que concerne à minha participação em manifestações de rua, o acompanhamento periódico dos perfis me possibilitou ter conhecimento da agenda delas antecipadamente. Em todas em que estive, usei uma blusa verde e caminhei por toda a extensão da Avenida Paulista buscando registrar em fotos e no diário as cenas observadas. O objetivo principal era identificar os sujeitos da pesquisa numa atuação política fora das redes sociais. Entretanto, identifiquei efetivamente o público-alvo desta pesquisa somente em duas delas, ambas ocorridas em comemoração ao Dia da Independência do Brasil, em 2021 e 2022. Na primeira, quando consegui realizar as entrevistas previamente agendadas com alguns integrantes e o dirigente de um movimento de gays conservadores que até então tinha acompanhado pelo Instagram. Na segunda, quando identifiquei uma pessoa com bandeiras do arco-íris, importante símbolo da referência política vinculada aos movimentos políticos de gênero e sexualidade. Consegui abordá-lo e obter seu aceite para uma entrevista, realizada dias depois da manifestação. Essa última entrevista rendeu um novo perfil para acompanhar no Instagram, que até aquele momento era desconhecido por mim.

A articulação dessas três estratégias de levantamento dos materiais — postagens, manifestações e entrevistas — trouxe um corpo robusto de informações para análise, por apresentarem possibilidades de linguagem diferentes relativas a um mesmo fenômeno. A seguir, descrevo os materiais levantados em cada um desses campos, tomados a partir das dimensões do modelo de consciência política desenvolvido por Sandoval (2001). Conforme já mencionado, o modelo foi utilizado como categoria de análise, para tanto a organização das informações pelas dimensões é necessária para iniciar, de fato, a análise da formação da consciência política e do engajamento político do público desta pesquisa.

A CONSCIÊNCIA POLÍTICA EXPRESSA NOS MATERIAIS DE CAMPO

O propósito aqui é apresentar detalhadamente o material levantado em cada perfil apresentado anteriormente, buscando evidenciar as movimentações, oscilações e transformações ocorridas ao longo do acompanhamento que realizei. Com isso em mente, os dados foram organizados partir das dimensões do modelo de consciência política definidos por Sandoval, 2001, e retomados por Sandoval e Silva em artigo publicado em 2016. O uso do modelo como estratégia para apresentar os materiais tem o intuito de salientar o caráter dinâmico da formação e expressão da consciência política do público estudado.

Como a proposta deste estudo se aprofundou numa análise qualitativa dos materiais levantados, no que concerne ao mapeamento das postagens, mesmo a quantidade de informações sendo consideravelmente alta, optei por selecionar os materiais que melhor exemplificassem as dimensões descritas no modelo de consciência política. Portanto, após a fase inicial de observação dos perfis, a segunda etapa foi a organização do material por categorias de análise, indicados a partir das sete dimensões do modelo.

A seguir, detalho o percurso de organização e apresento os materiais encontrados nas postagens, nas manifestações e nas entrevistas, à luz do modelo de consciência política (Sandoval, 2001; Sandoval; Silva, 2016).

Dinâmicas dos perfis no Instagram

No que concerne à dimensão de *crenças e valores Societais*, as expressões de símbolos que remetam aos valores conservadores são frequentes. Para fins de identificação, organizei as postagens a partir de temáticas embasadas na definição de conservadorismo de Marina Basso Lacerda (2019): militarismo, absolutismo do livre mercado, família tradicional e anticomunismo. No entanto, no âmbito da "família tradicional", agreguei postagens que também se referissem aos "padrões de gênero e sexualidade". Além disso, adicionei mais dois temas: "Obscurantismo e Negacionismo na Covid" e "Extinção do STF". Tendo em vista o número significativo de postagens que abordavam estas temáticas, o objetivo, ao adicioná-las, foi explorar a singularidade contextual do período em que foi feita a coleta, bem como delinear as especificidades do público-alvo desta pesquisa.

As postagens com temáticas militaristas interseccionavam com frequência o armamentismo e o patriotismo.

Figura 3 – Postagem mobilizando para apoio do Estado de defesa

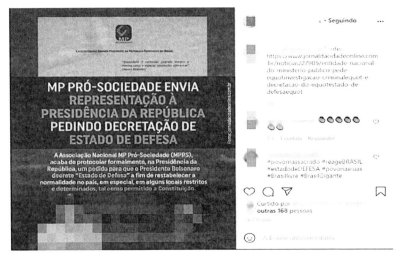

Fonte: Instagram, 2021

Figura 4 – Postagens de exaltação ao Exército associadas aos símbolos nacionais

Fonte: Instagram, 2021

Figura 5 – Postagens de cunho armamentista

Fonte: Instagram, 2021

Essas postagens foram retiradas de 2 perfis, dos quatro acompanhados nesta pesquisa. Entretanto, apenas um deles apresenta um número expressivo de menções explícitas ao militarismo. Isso possibilitou localizar os perfis na diversidade de expressões que o conservadorismo brasileiro atual apresenta e, no caso do militarismo, seus elementos frequentemente são identificáveis em perfis e grupos mais radicalizados. Porém, moderadas ou extremistas, as pautas militares e armamentistas são veículos simbólicos corriqueiros, que revelam as edificações simbólicas dos indivíduos sobre a vida social e suas relações de poder.

Já em "absolutismo do livre mercado", a associação com ações do governo no âmbito econômico era um recurso comum para, indiretamente, compartilhar essas crenças e valores com os apoiadores.

Figura 6 – Postagens com mensagens indiretas sobre o "livre mercado"

Fonte: Instagram, 2021

Algumas postagens também exploraram, de forma indireta, as ameaças ao livre mercado, principalmente aquelas associadas com ações restritivas na pandemia de Covid-19. As postagens a seguir enfatizam a limitação da liberdade econômica em face das medidas de isolamento social tomadas para conter a circulação do vírus.

Figura 7 – Ameaças à economia face ao isolamento social na pandemia

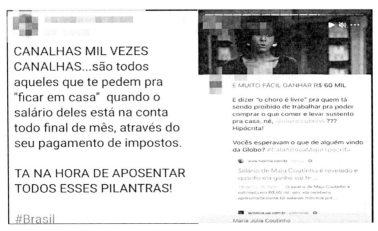

Fonte: Instagram, 2021

No que concerne à família tradicional e aos padrões de gênero e sexualidade, foi identificado um número bastante expressivo de postagens com menções diretas e indiretas a essa temática. A princípio, tal expressividade pode gerar certo estranhamento, já que os perfis observados se autodeclaram gays e lésbicas. Porém, um olhar mais atento revela que essas postagens mobilizam tanto os apoiadores já tradicionais dessa pauta quanto aqueles que se autodeclaram fora dos padrões sociais de gênero e sexualidade. No entanto, esse último grupo compactua com boa parte dessas normas hegemônicas, fato que influenciou o não acolhimento desses sujeitos pelos movimentos políticos dessa temática ligados ao campo progressista. Desamparados, eles encontram guarida no âmbito conservador, que se alarga nos seus perfis de participação política, na perspectiva de engajar mais apoiadores.

Outro aspecto importante a salientar é a quantidade de postagens que relacionam família, padrões de gênero e sexualidade com religião, revelando as raízes dogmáticas cristãs que organizam as crenças e os valores compartilhados nas postagens.

Figura 8 – Postagens que simbolizam a família tradicional e padrões de gênero e sexualidade

Fonte: Instagram, 2021, 2023

Figura 9 – Postagens de cunho ideológico religioso cristãos

Fonte: Instagram, 2021

As temáticas "pró-vida" também foram pautadas em postagens que exploravam uma agenda conservadora antiaborto e que procuravam apresentar o movimento feminista como inimigo a ser combatido.

Figura 10 – Postagem que exaltam a agenda antiaborto

Fonte: Instagram, 2021

As postagens de depreciação dos movimentos políticos sobre orientação sexual e identidade de gênero, e feministas, foram frequentemente exploradas no intuito de localizá-los à esquerda do espectro político. Desse modo, é possível engajar gays e lésbicas que não compactuam com as crenças e os valores correspondentes ao campo progressista.

Figura 11 – Postagens de depreciação de movimentos políticos do campo progressista

Fonte: Instagram, 2021

Em todos os perfis, observou-se a livre expressão da orientação sexual dos seus moderadores. De maneira geral, os responsáveis pelas páginas compartilhavam com seus seguidores informações de cunho pessoal sobre as vivências da homossexualidade, seja a respeito de seus relacionamentos homoafetivos, seja as preferências e os interesses que revelam suas orientações sexuais de maneira aberta a todos que seguem seus perfis. Portanto, a expressão das vivências das orientações sexuais é feita de modo público, sendo verbalizadas e, inclusive, valorizadas pelo campo conservador, aspecto evidenciado na quantidade de interações positivas com os seguidores quando temáticas de cunho pessoal são exploradas nas postagens. Isso revela a transformação dos perfis que se engajam politicamente no conservadorismo, bem como o abrandamento de crenças e valores no que concerne ao gênero e à sexualidade na agenda política conservadora para abarcar esses representantes políticos, antes explorados somente no campo progressista.

Figura 12 – Postagens de cunho pessoal associadas às vivências da homossexualidade

Fonte: Instagram, 2021, 2023

Finalizando a dimensão *crenças e valores societais*, as imagens com os temas "Obscurantismo e Negacionismo na Covid" e "Extinção do STF" delineiam o recorte temporal da coleta de materiais desta pesquisa. A politização da pandemia da Covid-19 perpassou o âmbito da política institucional e encontrou nas redes sociais os recursos para disputas políticas radicalizadas imersas em teorias conspiratórias, obscurantismos, anti-intelectualismos e anticientificismos (Cesarino, 2022). Nesse cenário, o poder jurídico se personificou efetivamente na figura do inimigo que necessitava ser derrotado, pois estava intervindo e impedindo as ações políticas extremistas de instaurarem suas agendas. Para tanto, o compartilhamento de postagens com crenças e valores que expressassem definições de liberdade e ataques a ela foi altamente explorado, bem como a personificação daquele(s) que a estivessem cerceando, caso do Supremo Tribunal Federal (STF).

Figura 13 – Postagens com temáticas sobre a Covid-19 e ataques ao STF

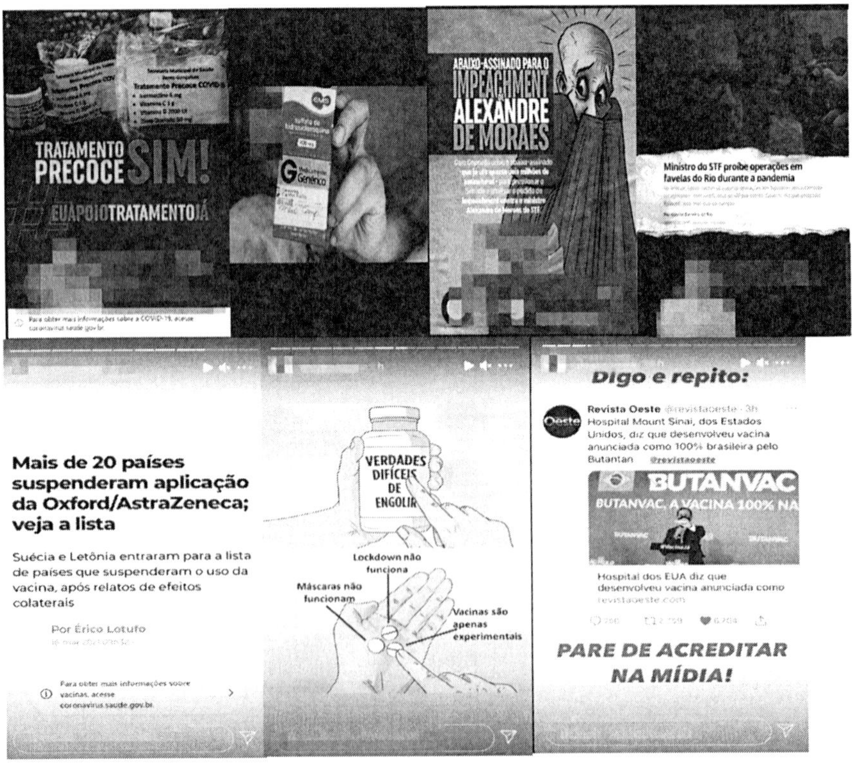

Fonte: Instagram, 2021

As postagens selecionadas para exemplificar as dimensões da *identidade coletiva e interesses coletivos* do modelo de consciência política auxiliam a compreender o enquadramento das identificações que mobilizam afetivamente tanto os responsáveis pelos perfis observados quanto seus seguidores. O sentimento de pertencimento a um grupo que antes era invisibilizado e menosprezado se torna potência para agir coletivamente (outra dimensão do modelo). Pela identificação, constroem-se os laços sociais, antes distantes ou inexistentes, bem com desenham-se marcadores, estéticas, linguagens e expressões que conectam aqueles que já pertencem ao grupo, da mesma forma que os desconhecidos podem se tornar novos membros, por congregarem com as referências que organizam aquela identidade grupal.

As Figuras 12 e 13, a seguir, exemplificam a necessidade de expressar a Identidade Política de gays conservadores de maneira didática e literal:

Figura 14 – Postagem que esclarece a identidade visual do movimento Gays de Direita Brasil

Fonte: Instagram, 2021

Figura 15 – Sequências de *stories* em destaque no perfil do grupo Gays com Bolsonaro

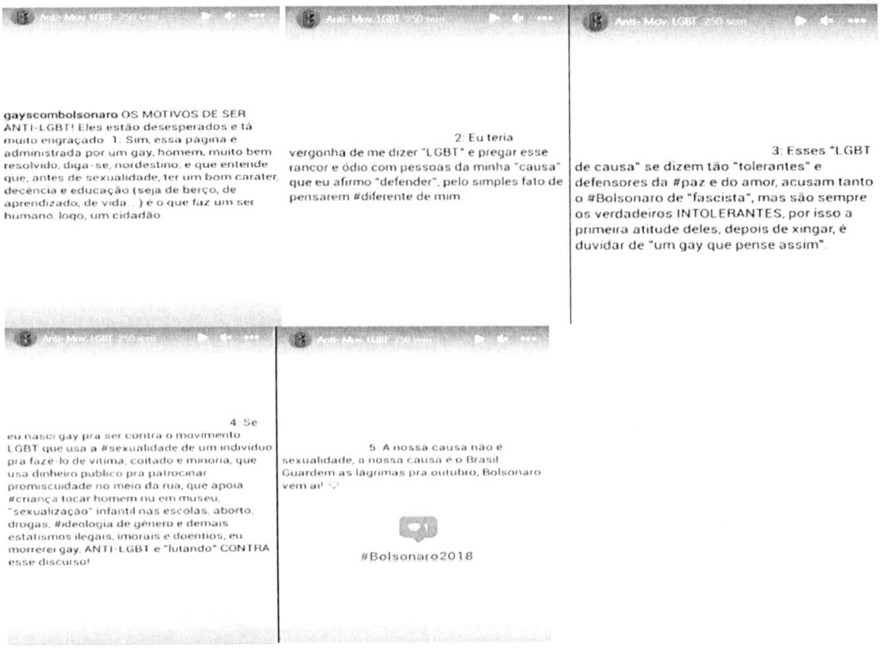

Fonte: Instagram, 2021

Combinações que fazem alusões à identidade conservadora somadas a elementos tradicionalmente usados pela comunidade homossexual são constantemente exploradas nas postagens. Por exemplo, é comum encontrar numa mesma imagem ou foto a *prideflag* e suas cores do arco-íris, cores da bandeira nacional e camisetas de lideranças conservadoras. Ao longo das observações, constatou-se a mudança do nome e do logotipo de um dos perfis de grupo para agregar estéticas mais próximas dos valores do conservadorismo.

Figura 16 – Postagens que combinam símbolos conservadores e de luta homossexual

Fonte: Instagram, 2021, 2022, 2023

Nas postagens que remetem aos *interesses coletivos*, é possível observar o incentivo de ações e mobilizações de afetos, principalmente aqueles que promovem o sentimento de pertença. Chamadas de canais de comunicação e afirmação de pautas caras ao movimento, são frequentes nas temáticas das postagens. Veiculá-las permite o estreitamento do laço grupal, gera identificações com o coletivo e pode motivar para agir coletivamente.

Figura 17 – Postagens de interesses coletivos e mobilizadoras de laços sociais

Fonte: Instagram, 2021

Outro elemento corriqueiro, explorado nas dimensões de *interesses coletivos e identidade coletiva*, é a identificação dos fenômenos sociais a serem combatidos. Nomear os inimigos e explicar as razões pelas quais precisam ser eliminados favorece a ascensão e a manutenção da identidade grupal, além de dar contorno à disputa que caracteriza o campo político. No caso dos homossexuais conservadores, há uma disputa intensa com a narrativa hegemônica dos movimentos progressistas sobre a orientação sexual e identidade de gênero. Nesse sentido, a identidade coletiva e seus interesses nessas temáticas só serão preservados mediante a personificação do inimigo que fragiliza e ameaça os interesses grupais.

Figura 18 – Postagens identificando os adversários que ameaçam a identidade e os interesses coletivos

Fonte: Instagram. 2021, 2022

Tendo em vista a conjuntura eleitoral, que ocorria paralelamente ao acompanhamento dos perfis, é importante considerar as influências dos temas em disputa sobre as postagens durante e após a corrida eleitoral. Nesse sentido, para além de a derrota do candidato apoiado pelo campo conservador ter sido um tema explorado principalmente mediante questionamento dos resultados das urnas, as postagens buscavam trazer mensagens de união e apoio aos seguidores, visando manter os laços da identidade grupal.

Figura 19 – Postagens de apoio e união diante da derrota do candidato conservador

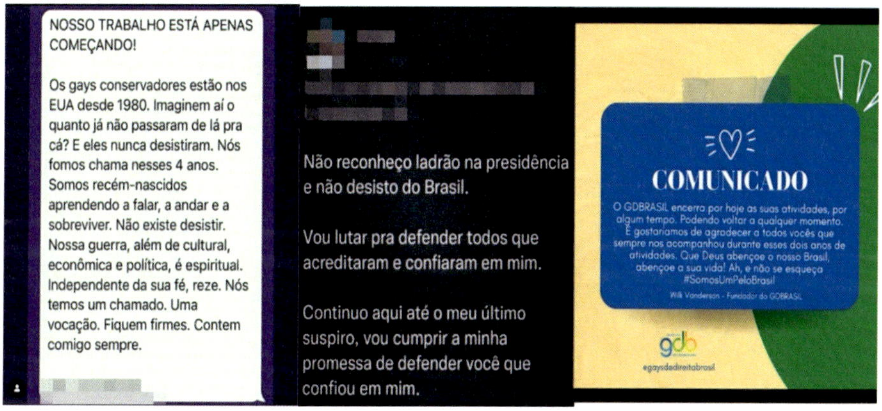

Fonte: Instagram, 2023

Os materiais levantados sobre a dimensão *sentimento em relação aos adversários* dialogam diretamente com a identidade grupal. São inúmeras as tentativas de mobilizar as percepções dos seguidores no que diz respeito aos interesses antagônicos em relação àqueles que são de interesses coletivos e da identidade do grupo conservador. As temáticas se transformam rapidamente conforme o contexto, facilitadas pelos recursos disponíveis nas plataformas digitais.

Vale ressaltar que o mapeamento das postagens ocorreu na pandemia, e a personificação dos adversários sofreu fortes influências das problemáticas associadas a esse contexto. Ainda assim, diversas situações do cotidiano serviram de base para construir a representação do inimigo, sempre num movimento comparativo entre os elementos caros ao conservadorismo e aqueles antagônicos a ele, dando a característica dinâmica à formação e expressão da consciência política.

Figura 20 – Postagens de identificação dos adversários associados ao contexto pandêmico

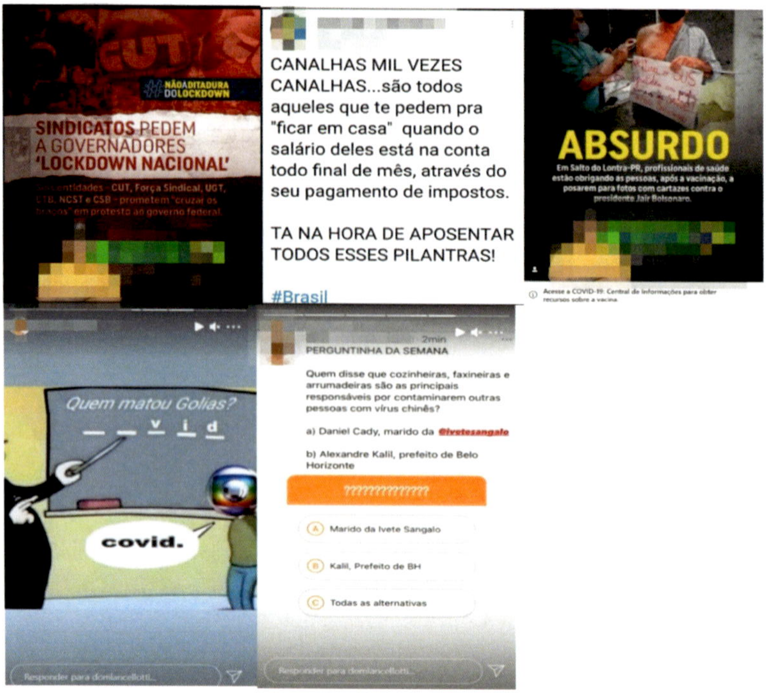

Fonte: Instagram, 2021

Outro aspecto relevante a se considerar nesta dimensão é a disputa pela identidade homossexual. Usar a depreciação e o desprezo por tudo aquilo que foge ao conservadorismo tem como intuito o poder de nomear um dado fenômeno social. Produzir associações negativas com os movimentos progressistas sobre orientação sexual e identidade de gênero abre questionamentos que criam espaços para outras formas de nomear a homossexualidade e, no caso, mais alinhadas com a agenda política conservadora. Nesse sentido, ter homossexuais conservadores autodeclarados como representantes que disputam a hegemonia da identidade gay é estratégico para a execução das pautas contemporâneas na agenda conservadora.

Além disso, a mobilização dos afetos, principalmente diante do ressentimento daqueles homossexuais que não se sentem contemplados pela agenda progressista, é bastante explorada, instigando sentimentos associados a uma suposta traição dos movimentos de gênero e sexualidade do campo progressista para com seus próprios integrantes.

As postagens a seguir expressam essa disputa, identificando os movimentos do campo progressista sobre orientação sexual e identidade de gênero como adversários a serem combatidos por aqueles que se identificam como homossexuais conservadores.

Figura 21 – Postagens de críticas aos movimentos do campo progressista

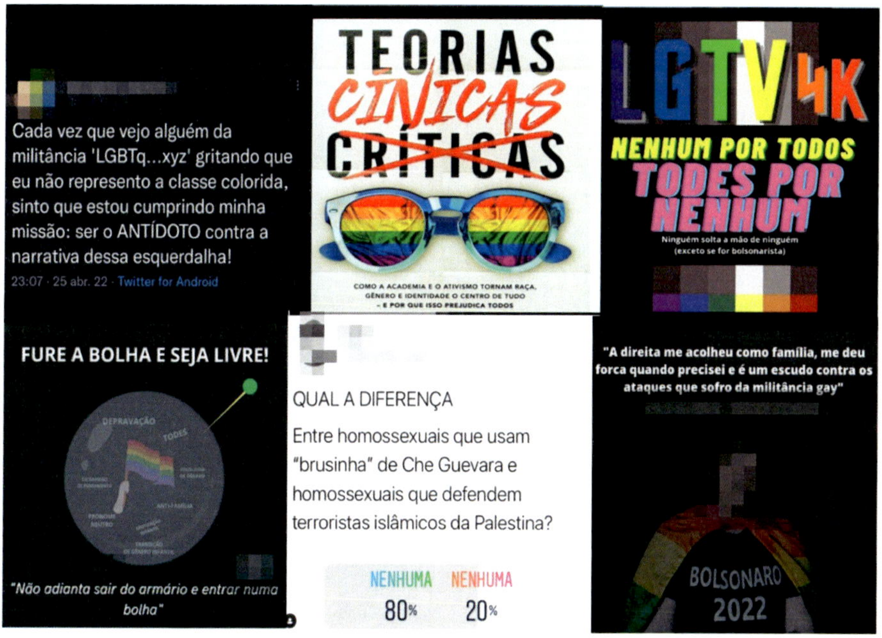

Fonte: Instagram, 2022, 2023

Nas postagens que remetem as dimensões *metas e repertórios de ações* e *eficácia política*, observam-se os efeitos materiais mobilizados ideologicamente em forma de agências organizadoras de ações políticas. As estratégias para mudança são expostas e aferidas, enlaçando os apoiadores mediante constatações reais e mobilização de sentimentos que fortalecem os vínculos para manutenção das identidades grupais.

Outro aspecto a salientar é a especificidade de ações que caracteriza cada perfil. Os perfis de influenciadores digitais se dividem, na mobilização virtual, em postagens que propagandeiam embates com adversários, compartilhando referências de ações de visibilidade bem-sucedidas tanto próprias quanto de outros perfis, ou exemplificando, por meio de fenômenos sociais, comparações que evidenciem aspectos ideológicos, além dos caminhos mais tradicionais de militância política: as manifestações de rua. É interessante notar a articulação mobilizadora, no campo digital, dos perfis acompanhados e os possíveis efeitos disso para a participação política. Além do crescimento gradual no número de seguidores desde 2021, a visibilidade *mainstream* dos perfis foi aumentando, servindo de incentivo para o surgimento de novas páginas com características similares às dos sujeitos acompanhados no enquadramento desta pesquisa.

Já as estratégias de ações veiculadas nas postagens de Mariana apresentam influências do cargo institucional que exerce, propagandeando benfeitorias edificadas via trabalho legislativo de reivindicação e proposição de políticas públicas. Também são explorados os embates com os adversários no campo institucional, e, no contexto deste estudo, as temáticas que envolveram a pandemia foram corriqueiras.

Nos perfis de grupos, explorou-se afetivamente as expectativas fazendo uso de convocatórias tanto para eventos informativos sobre as temáticas ideológicas importantes para o conservadorismo quanto para incentivar a presença nos atos de rua. Dar materialidade, para além do universo cibernético, é uma chave estratégica de estruturação que concretiza a identidade grupal.

A *eficácia política* se expressa em postagens que demonstram a reação positiva dos seguidores em relação ao trabalho político desenvolvido pelos perfis, por meio do compartilhamento de conteúdo da comunicação *mainstream* que porventura visibilizasse a existência da identidade coletiva, criando estratégias de aproximação dos apoiadores, todos eles visando modular os sentimentos presentes por meio de exemplos de como é possível intervir politicamente e quais as expectativas desta intervenção.

Figura 22 – Postagens que evidenciam estratégias de embate com adversários

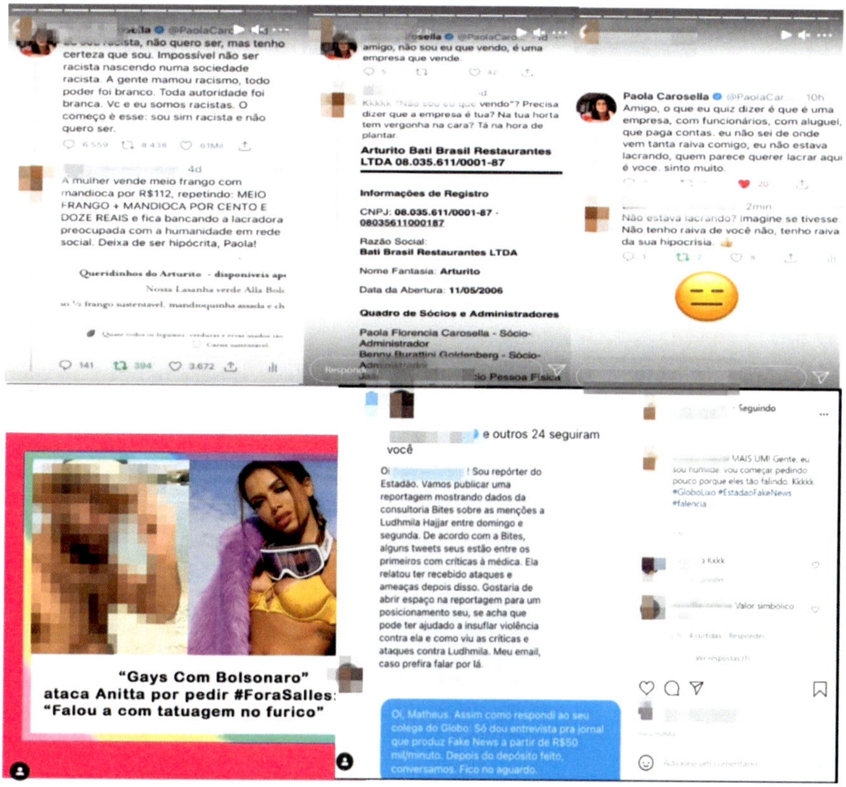

Fonte: Instagram, 2021

Figura 23 – Veiculações de práticas políticas institucionais

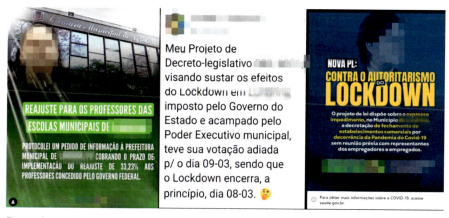

Fonte: Instagram, 2021, 2022

Figura 24 – Postagens geradoras de expectativas

Fonte: Instagram, 2021

Figura 25 – Depoimentos de seguidores divulgado por postagem

Fonte: Instagram, 2022

Vale ressaltar a multiplicidade de temas organizados pelos perfis para agenciar ações no campo político conservador e a desenvoltura em utilizar os recursos das plataformas digitais como estratégia para instigar sentimentos e, deles, impulsionar ações. A interação das dimensões *metas e repertórios de ações* e *eficácia política* impulsiona a tomada da decisão de agir (ou não) coletivamente. A efetivação dessas ações é utilizada tanto como referências para construção de novas metas quanto para dimensionar os resultados atingidos, influenciando a disponibilidade afetiva para se engajar (ou não) em novas ações. Por exemplo, usar depoimentos positivos de seguidores ou veicular reportagens que dão visibilidade ao fenômeno de gays conservadores na mídia *mainstream* é uma estratégia pertinente para influenciar a avaliação da eficácia política, pois mobiliza sentimentos de pertença associados à identidade coletiva que antes ficavam restritos à experiência individual ou, no máximo, à bolha de contatos de seguidores dos perfis.

As postagens que remetem à dimensão *vontade de agir coletivamente* são majoritariamente vinculadas às necessidades da conjuntura política que reverberava no campo conservador naquele momento. Vale lembrar que o período de observação dos perfis foi concomitante à pandemia e ao pleito eleitoral para presidência, governos de estado, e representantes no Senado Federal e na Câmara dos Deputados. Tais circunstâncias balizaram as agendas das mobilizações, determinando temas prioritários para ações. Nesse sentido, por diversas vezes, as principais temáticas do conservadorismo foram mais protagonistas se comparadas às demais que pudessem também ser referência para a organização da identidade do grupo. No caso, a reeleição do então presidente Jair Messias Bolsonaro era o foco principal das ações mobilizadas pelos perfis. A participação em atos de rua a favor do presidente, ou com temáticas por ele defendidas (urna auditável, por exemplo), são registros frequentes nas postagens.

Figura 27 – Postagens com registro de presença em manifestações de apoio ao presidente

Fonte: Instagram, 2021, 2022

Figura 28 – Postagens com chamadas para manifestações

Fonte: Instagram, 2021, 2022

Paralelamente às ações que convocavam para manifestações alinhadas com as principais pautas do campo conservador, os perfis observados também exploravam ações que tivessem por objetivo aproximar seus seguidores das temáticas específicas da identidade grupal. Convites para eventos, virtuais e presenciais, relacionando homossexualidade ao conservadorismo, eram frequentes nas postagens. Porém, no âmbito da ação coletiva, apenas os perfis de grupos divulgaram postagens chamando para atividades organizadas restritas às temáticas que relacionavam conservadorismo e homossexualidade. Inclusive, um deles apresentava uma quantidade expressiva de postagens com chamada para agir coletivamente; coincidentemente, esse grupo foi o que comunicou o encerramento de suas atividades no início de 2023, apagando todos os registros de postagens anteriores a esse ano.

Figura 29 – Postagens com divulgação de eventos e atividades coletivas

Fonte: Instagram, 2021, 2022

Por fim, é importante destacar a dinamicidade dos perfis acompanhados e suas transformações durante todo período de observação. O mapeamento buscou registrar tais mudanças, apresentando as nuances das movimentações no comportamento político dos perfis estudados. O desenvolvimento dessa fase do campo de pesquisa viabilizou a realização das entrevistas semiestruturadas, que apresento detalhadamente no tópico a seguir.

Dinâmicas das entrevistas

Durante o mapeamento das postagens no Instagram, pude acompanhar o engajamento e a mobilização dos perfis encontrados no ambiente virtual dentro da plataforma. e fora dela, como em jornais e revistas on-line, dos mais restritos aos *mainstream*. Após alguns meses, constatada a permanência e a rotina de postagens, iniciei os primeiros contatos diretos com os moderadores dos perfis observados até aquele momento. Utilizando o envio de mensagens pelo próprio Instagram, escrevi um texto com uma breve apresentação minha e acerca da pesquisa, finalizando com um convite para participação na entrevista.

De maneira geral, obtive retorno positivo para diálogos e esclarecimentos de todos os contatos. Apenas as conversas iniciais com um dos perfis, o de Mariana, não se efetivaram em entrevista — como já comentado. Por esse motivo, inseri alguns trechos de entrevistas retirados de reportagens feitas com ela em revistas on-line. Os demais contatos, após um período de negociação e esclarecimentos sobre a pesquisa, aceitaram participar.

As perguntas previamente estruturadas buscaram explorar cada uma das dimensões do modelo de consciência política. Em todas as entrevistas, comecei reforçando as informações sobre o objetivo da pesquisa, agradecendo a disponibilidade e salientando os aspectos éticos previstos no TCLE.

Ao perguntar sobre o início de suas trajetórias na política e sobre experiências anteriores, começaram a surgir as primeiras referências relativas à dimensão *crenças e valores societais* vinculadas ao campo político conservador. Renato comentou que:

> *Coisas que a gente estudava, pelo menos eu estudava, sei lá, com 12, 13, 14 anos, que eram tidas como conspiração, hoje em 2022 já não são mais conspirações, já é fato, já é coisa real, né. E aí eu lembro que quando o Trump surgiu... Primeiro tudo surge com a ideia, a possibilidade do Trump vim a ser presidente dos Estados Unidos... E eu já acompanhava o Trump, ou aquele lado dele de empresário, aquela coisa toda de "América é o país da liberdade, na América você prospera".*

A ideia de liberdade vinculada à prosperidade econômica, numa experiência individual e com poucas interferências do Estado, revela ideais conservadores que motivaram Renato a se engajar politicamente. Seguindo esse ponto de reflexão, José confirmou que o conservadorismo é a referência ideológica principal para mobilização do grupo político do qual fazia parte:

> *Os grupos são formados por pessoas, né, além de apoiar o presidente Bolsonaro. Mas a nossa pauta maior é o conservadorismo, né, o tradicional mesmo. O fato de a gente ser de direita... porque futuramente o presidente pode não estar... como é que se diz... na presidência, então... futuramente ele não vai ficar para sempre, mas a gente vai continuar com as mesmas pautas de ser de direita, por isso que o nosso movimento já chama "Gays de Direita Brasil", então independente do... se o presidente tá ou não, nós não queremos que a esquerda volte a governar o país, né.*

Já Fernando constatou que seus princípios pessoais não estavam próximos dos que os movimentos políticos sobre orientação sexual e identidade de gênero tradicionais compartilhavam. Segundo ele, essa foi a razão pela qual se aproximou de grupos conservadores nas suas primeiras experiências orgânicas de atuação política:

> *O Fernando* [ele responde à pergunta falando de si na terceira pessoa] *é basicamente um cara que viu como as coisas estavam se encaminhando aqui, principalmente quanto aos homossexuais no Brasil, e que ficou bem indignado com muitas coisas. Eu simplesmente observei algumas coisas que não condizem com a minha vida e com grande maioria das pessoas que me cercam... Isso em relação à religião, em relação à família, com relação à vida, com relação à política brasileira, e eu simplesmente decidi que chegou um momento em que a gente tem que se unir, e mostrar força, entende? [...] Nunca tinha ido para Brasília, não conhecia nada sobre política, não sabia direita e esquerda, a única coisa que eu conseguia entender é que eu tinha meus princípios e aqueles princípios iriam me guiar para o lado onde eu deveria estar.*

Mariana comentou, em matéria de uma revista direcionada ao público conservador, que suas primeiras experiências no campo político começaram no trabalho, pois atuava como segurança privada de um político da cidade onde morava. Sua atuação profissional resultou em um convite para atuar como assessora do antigo chefe. Todavia, ela identificou que o início efetivo do seu interesse pela política ocorreu

> [...] *durante as manifestações do "Fora Dilma". Confesso que antes, quando mais jovem, eu não me envolvia diretamente em questões políticas, mas neste momento acabei percebendo que precisava me posicionar e ajudar meu país de alguma forma.*

Logo, todos os sujeitos acompanhados para pesquisa relataram ter se aproximado da participação política pelo alinhamento com os valores e crenças societais conservadores, dado o desinteresse e não aderência aos valores defendidos pela pauta progressista. Os valores defendidos pelo conservadorismo tinham mais importância para esses sujeitos que os debates sobre a luta por garantia de direitos de pessoas com orientação sexual e identidades de gênero não hegemônicas, historicamente germinadas dentro campo político progressista; é nesse sentido que se justifica o interesse em engajar-se politicamente no âmbito do conservadorismo.

No que diz respeito à construção de suas identidades políticas e interesses grupais, Renato comentou que sua aproximação pela internet se deu durante a campanha do então candidato à presidência dos Estados Unidos, Donald Trump.

> *E foi dentro desses fóruns também que muitos homossexuais começaram a se mobilizar pró-Trump, né. E aí eu comecei a ver esse movimento todo, aquela coisa toda, comecei a acom-*

panhar de perto muitos amigos... hoje, são meus amigos, né, lá nos Estados Unidos que são homossexuais e que também fizeram campanha para o Trump, muitos deles fizeram campanha por Bush filho, né, antigamente na eleição do Bush filho. Essa galera..., eu comecei a me inspirar nessa galera, né. [...] aí eu comecei a acompanhar os meus amigos LGBTs lá, né, homossexuais, apoiando o Trump e comecei a ver que eles estavam tendo realmente êxito naquilo que eles estavam fazendo, né. Tanto que muitos se encontraram com Trump, apoiaram realmente a candidatura do Trump. O Trump teve uma eleição, sei lá, histórica, principalmente no meio, entre os homossexuais, né. E aí eu comecei a pensar "poxa, já pensou uma coisa dessa no Brasil?",

Em uma reportagem concedida a um jornal de alta circulação regional, Renato asseverou os interesses que mobilizam a identidade coletiva dos gays conservadores, apontando a ausência de visibilidade dessa pauta política na grande mídia:

Nós do Gays com Bolsonaro não queremos destruir nada, queremos fazer parte do debate, por isso a gente acha muito importante uma jornalista do [...], vocês são considerados grande mídia, dê esse espaço para gente falar uma coisa dessa. Quando você me procurou querendo entrevista eu não acreditei, a grande mídia querendo entrevistar, dar espaço para gente, é muito importante, a gente quer fazer parte do debate. Antes, no Brasil, só tinha o debate de um único viés, a esquerda debatendo com a esquerda. Com o presidente Bolsonaro isso foi rompido e acabou essa história 'todo gay é de esquerda', gay do PSOL, gay em cima do trio elétrico, simulando Jesus Cristo nu, Nossa Senhora nua, isso acabou.

Durante a entrevista para pesquisa, Renato também reafirmou as intenções do grupo, agregando os valores conservadores que unificam a identidade grupal:

[...] "Ai, Gays com Bolsonaro quer acabar com o movimento LGBT". Poxa, eu não quero acabar com nada, eu só quero o quê? Participar do debate. Debate é a gente o quê? Nós, homossexuais, que somos cristãos, que tememos a Deus, que defendemos a família, que defendemos as crianças, principalmente as crianças do movimento LGBT, de sexualização, dessas pautas identitárias que não leva ninguém a nada, porcaria nenhuma, né...

E salientou os perfis dos apoiadores alinhados ao campo conservador e à ideologia cristã:

> *Eles têm os mesmos princípios que os meus, que são contra a sexualização de crianças, que estão na igreja, que não se afastam da igreja, que não brigam com a família por causa de sexualidade. Então são pessoas que se aceitam antes de qualquer outra coisa, entendeu? [...] Não tem um perfil específico. Só que a diferença é que o quê? Na questão da sexualidade, eles não se fazem coitados.*

É importante ressaltar a questão do ressentimento como disposição afetiva que mobiliza a identidade coletiva na afirmação trazida por Renato. Fazer parte do debate revela tanto um sentimento diante do aviltamento de gays conservadores na produção da identidade política de homossexuais, até então, quanto o interesse do campo conservador em agregar novos representantes defensores de sua agenda política.

Na mesma reflexão sobre identidade e interesses grupais, José e os demais integrantes do grupo Gays de Direita Brasil relataram ser o laço social entre os participantes do grupo que os encorajou a participar nas ações coletivas, tendo em vista o receio de se contrapor a uma suposta hegemonia do campo progressista na identidade política sobre orientações sexuais e identidade de gênero não-hegemônicas. Tal afirmação circunda a importância da relação entre os apoiadores para manutenção da identidade coletiva e execução dos interesses do grupo.

> *E o engraçado é que a gente, assim..., nas nossas redes sociais, tantas pessoas que eram próximas da gente, que a gente sabia que era homossexual, mas que a gente não sabia o posicionamento político, entendeu? E eles, assim... o José, os meninos... cara e agora eu me vejo em vocês, agora eu tenho coragem de me expor, eu pensei que eu tava sozinho, eu pensei que eu pensava sozinho em relação a isso...*
> *[...] E uma coisa que a gente também costuma falar no movimento é que a gente tem que sair do armário duas vezes, né. Porque a gente saiu do armário para os nossos pais... e a gente tem que sair do armário por ser bolsonarista, por ser de direita.*

A solidariedade entre os apoiadores em relação aos dilemas da sexualidade é um tema explorado por Renato, que comentou sobre o suporte para acolher seguidores do grupo. Nesse sentido, é importante ressaltar o laço social como espaço de apoio entre os integrantes, não só como identificação e pertença no campo político, mas também como suporte emocional e formador de referências.

"E minha mãe está falando não sei o quê sobre a minha sexualidade", eu vou conversar: "olha, com a minha família foi assim, falei pra minha mãe assim, conversei com meu pai assim, com os meus amigos foi assim". Todo mundo é 100% feliz? Não é. Todo mundo está 100% realizado com a sexualidade? Não está. Mas pelo menos na questão política, a gente consegue alinhar 100% todo mundo no mesmo caminho, entendeu? Às vezes até brinco com os meninos, "gente, eu não sou psicólogo, mas se eu puder ajudar com as experiências que eu já passei, a gente está aqui pra conversar" [...] Por isso que eu sempre brinco com o pessoal, o pessoal vem chorando, o pessoal vem falando de família. Eu digo: "gente, eu não sou psicólogo, talvez um dia eu vou fazer psicologia só pra atender vocês, mas eu não sou". Se puderem me ver como um amigo, né, se puderem me ver... [...] Eu conto pelo que aconteceu comigo. Se vocês querem seguir o exemplo... Pra mim foi fácil? Pelo contrário, jamais. Sofri pra caramba e ainda mais numa época que não... Era sozinho, né, não tinha esse negócio de conversar com ninguém.

Fernando reafirmou ainda esse processo de identificação entre homossexuais conservadores, experienciado no campo político, via mobilização surgida no grupo do qual Renato faz parte:

[...] e eu falei "Cara, eu só tô aqui hoje por causa de você". Eu falei "o Fernando só existe por causa do Renato", o Gays com Bolsonaro no Brasil tem trazido muita confortabilidade para o homossexual de direita a dar opinião, sabe? [...] Eu recebi muitas mensagens de homossexuais de direita, parabenizando, agradecendo por a gente estar à frente disso, por estar dando essa força, por estar trazendo confortabilidade para as pessoas conseguirem falar sobre o que elas acreditam, então eu acho muito importante mesmo, assim, demais, demais.

No que diz respeito à relação entre vivências da sexualidade e cumprimento da agenda conservadora, Fernando relatou o processo de se assumir homossexual estando no campo político conservador e como os gays conservadores foram construindo espaços políticos dentro da agenda do conservadorismo:

[...] eu tinha muito medo de me assumir, eu tinha muito medo de chegar e falar quem eu era, o porquê, quem eu sou, quem eu quero ser, e com o tempo eu fui jogando umas sementinhas, até que eu falei "ah mano, se forem me odiar, só vou confirmar tudo o que eu já ouvi", né. E se forem me aceitar, vão simplesmente abrir um espaço pra mim que eu acho que poucas pessoas têm

> *a chance de ter, sabe? [...] Então eu me assumi... No começo, assim, eu vi uma certa mudança de comportamento de algumas pessoas, mas não só pelo fato de eu estar nesse meio, mas pelo fato de eu ter escondido isso durante muito tempo.*
>
> *Então eu acho que a direita começou a ter uma visão diferente quando começaram a surgir pessoas como eu, como o Renato, começaram a falar coisas que fizeram eles entender "cara, não são todos os gays que são dessa forma". Inclusive, uma das coisas que eu mais leio em comentários nas redes sociais é isso, tipo "ah cara, nossa, vocês tem feito mudar minha visão sobre os gays", "você fez mudar minha visão que eu tinha do LGBT", "você tá me fazendo entender mais sobre o que é você, o que você é, o que quer falar". [...] Hoje eu fico impressionado com a quantidade de homossexual de direita tá crescendo. [...] é muito impressionante a quantidade de pessoas que tá surgindo.*

Ressalta-se, portanto, que a identidade coletiva dos homossexuais conservadores se alinha aos interesses dessa agenda ideológica, tornando-os apoiadores e aliados. A identidade coletiva encontra tanto espaço para a solidariedade entre aqueles que com ela se identificam quanto aproxima interesses que, mobilizados pelo afeto, se unificam, gerando o sentimento de pertença para manutenção da identidade grupal em um ambiente que, olhando de modo desatento, se entenderia como aversivo para a própria existência das homossexualidades.

Outra estratégia de engajamento explorada na identidade do grupo do qual Renato faz parte foi, inicialmente, o uso da *prideflag* no símbolo do grupo:

> *A pride flag, né, que é a bandeira do movimento LGBT, que é o arco-íris, aquela coisa e tal, ela é um símbolo de identificação homossexual, inegável, né. Quando eles criaram a pride flag, sei lá, 1960, naquela coisa toda, eles criaram com esse intuito. Olha, todo mundo que tiver o arco-íris, que pregar um adesivo do arco-íris ou que botar uma bandeira do arco-íris vai se identificar e ali eu vou saber. "Ah, ali é guy friendly, ali a galera gosta dos gays, ali nós somos bem recebidos. É uma identificação, né. [...] pra gerar uma identificação para os homossexuais, né. A galera ia ver gays, ia ver a pride flag, ia "caraca, gays que apoiam o Bolsonaro?", "ah, será que eu me identifico? Será que não?". [...] Era uma isca pra galera, pros homossexuais se identificarem e tal.*

Por outro lado, a expressão das vivências da sexualidade é contida pelos interesses conservadores. Nesse sentido, Renato comentou sobre as transformações do logotipo do grupo para referências estéticas mais conservadoras:

> *Só que chegou um momento que não cabia mais a pride flag na nossa logo, por quê? A galera já sabia quem era o Gays com Bolsonaro, já sabia o que a gente defendia, já sabia nossos princípios, já sabia muita coisa sobre a gente, então chegou o momento de mudar, né. E aí aproveitando todo aquele rebuliço do momento do 7 de setembro, que foi nosso... foi histórico aquele momento de 7 de setembro, a gente foi e criou uma alternativa, né... A gente já vinha conversando sobre isso... criou uma alternativa ao nossa logo, né. Deixamos o B do presidente e colocamos a bandeira do Brasil, ou não é nem a bandeira do Brasil, se você olhar direitinho é a pride flag, né, só que num foco na bandeira do Brasil, nas cores da bandeira do Brasil, né.*

A necessidade de dar preferência e visibilidade às crenças e aos valores que compõem a identidade conservadora também perpassa o campo da vida pessoal. Sobre isso, Mariana relata como trata sua relação homoafetiva no dia a dia em reportagem de revista direcionada ao público conservador.

> *Bem...eu e minha esposa, a gente evita qualquer tipo de exposição. Ninguém precisa saber nossa intimidade. Por isso, construímos nossa família. Ela já tinha sua filha, e a gente respeita muito a tradição da família. Eu, para a filha dela, sou a tia nova que chegou e o pai sempre será o pai. Sempre mantive essa conduta. A filha dela tem pai e mãe.*

Desse modo, há um limite definido pelos valores conservadores no uso da homossexualidade como representação da identidade coletiva. Ainda que os direitos civis dessa população sejam reconhecidos, eles não se sobressaem à valorização da agenda conservadora, e aqueles que fogem à regra serão localizados como ameaça à identidade grupal. Fernando e Renato apresentaram reflexões sobre esse assunto:

> *[...] eu acho que essa questão do casamento tem que ser aceita mesmo, respeitada, porque todo mundo tem o direito de ser feliz, né? Eu lembro que na época, o que teve bastante aversão em relação ao casamento gay, é porque surgiu alguns militantes que queriam obrigar a igreja a aceitar um casamento gay na igreja. Cara, não tem como, porque são duas coisas que vão completamente de desencontro, né, o mesmo cara que quer acabar com a igreja é o mesmo que quer ir lá casar dentro dela, pra quê, entende?*
> *Nas questões de direitos civis, o que é a equiparação da união estável entre dois homens ou união homoafetiva fez? Equiparou na questão de direitos dois homens a um casal hétero. Por que o*

> *que acontecia? Muitas vezes, sei lá, um casal... o cara estava lá
> 30 anos com o cara, o outro morria, quando o outro morria, a
> família do que morreu não dava direitos ao cara que construiu
> junto com outro companheiro, né. Então espera lá, nessa questão
> eu já concordo. Por quê? É uma questão de direitos, né? Se o cara
> construiu a vida com outro, a família... não tem nada a ver a
> família dizer que o cara não tem direito. Isso eu já concordo,
> são direitos civis, né. O cara construiu a vida ao lado do outro
> companheiro e é óbvio que ele vai ter direito e eu acho correto
> essa equiparação. Uma questão de direitos. Mas quando a gente
> entra nessa questão de Constituição, de direito constitucional,
> legislativo, é tudo questão de nomenclatura, que a esquerda faz
> questão de quê? De fazer uma confusão.*

No que concerne aos sentimentos em relação aos adversários, o combate à narrativa construída pelo campo político progressista sobre orientações sexuais e identidades de gênero é um foco explorado. Renato comentou:

> *Eu nunca fui afeito ao movimento LGBT, sabe? Desde sei lá...
> Mesmo quando eu não me aceitava ainda como homossexual,
> nunca me vi como coitadinho, "ai, por favor, meus amigos têm
> que me aceitar, a sociedade...".*

Um elemento essencial para construir a representação do adversário de homossexuais conservadores diz respeito à disputa de narrativa sobre o preconceito vivenciado pela sua comunidade e uma suposta institucionalidade "progressista" que a temática ganhou ao longo da última década. Durante a entrevista, Renato argumentou sobre como a esquerda usou a definição de homofobia para atacar os conservadores, articulada com o STF.

> *É nessa questão de homofobia, principalmente a esquerda, ela
> sabe como ninguém usar as instituições e nós não, né. Porque esse
> golpe da homofobia no STF, foi um golpe da esquerda. Do PPS,
> que é o Cidadania hoje em dia, com a Associação Brasileira das
> Trans, que ninguém sabe o que é homofobia, né, e conseguiram
> chegar no STF pra conseguir aprovar homofobia como racismo.
> Gay não é raça. Pelo amor de Deus, né... Pra você ter noção, essa
> associação que é uma das autoras do projeto da homofobia,
> eles recebem dinheiro internacional de globalistas. O PPS, que
> hoje virou Cidadania, é um partido que faz parte do Foro de
> São Paulo, criado por Lula e Fidel Castro. Então não se passou
> pelo parlamento pra saber dessas coisas. A esquerda aprendeu*

> *como ninguém, isso é inegável. A esquerda pega uma ONG lá no quintal não sei das quantas na Bahia, CNPJ, arranja um advogado, o cara judicializa. Ele chega no STF, sem nem... Ele não passa pela justiça comum, ele vai pro STF. E aí lá aqueles 11 lá que não foram eleitos por ninguém decidem que agora a homofobia é igual a racismo. Isso é inadmissível. Então como que o governo deve agir? O Brasil deve agir diante desses temas? No parlamento.*

No que concerne à relação com o campo progressista, José e outro integrante do grupo Gays de Direita Brasil comentaram haver uma perseguição aos homossexuais conservadores.

> *E outra, tem muito homossexual que é de direita, eles têm medo de se expor, de se expressar, até com medo do preconceito... Porque na verdade a esquerda criou isso, né, que todo homossexual tem que ser de esquerda, não pode ser de direita.*
> *...tipo assim... ser gay de esquerda é obrigatório e anormal é ser gay de direita, entendeu? Então, tipo assim, como nós somos gays e temos esse pensamento, resolvemos criar isso para quem quiser se sentir à vontade no nosso movimento, né, se expor.*
> *O que acontece, há tipo uma opressão por parte do movimento LGBT...*
> *Eu costumo falar que é um monopólio, né. Monopólio, eles querem homogenizar a coisa toda. E eles falam que são contra a homogeneização, mas eles querem que todos pensem igual a eles, você pensa um pouquinho fora, aí você já tá todo errado, você já é fascista, você é homofóbico, você...*

Ainda que haja reconhecimento dos resultados advindos dos movimentos sociais que historicamente lutaram pelos direitos dessa população, os relatos revelam sentimentos advindos da impossibilidade de pertença a esses movimentos, dada a importância das crenças e valores conservadores na vida dos entrevistados. Desse modo, o grupo que a princípio seria referência de acolhimento e engajamento político desses sujeitos se tornou inimigo a ser combatido. José e outros integrantes comentaram a respeito.

> *Mas é isso que acontece, entendeu? Os movimentos geralmente, eles nascem com uma pauta séria, entendeu, exigindo o seu lugar. Depois que se cresce, a esquerda se infiltra dentro e estraga... É os antifas, é um movimento que nasceu lá na Itália para combater o fascismo, mas depois de um tempo virou essa bagunça aqui que é hoje, entendeu? É a mesma coisa dos gays, que nasceu o Orgulho Gay, depois virou GLS... Agora é GLBTI blá blá blá blá...*

> *Só que o Orgulho Gay nasceu por isso, com intuito de respeito, de dar respeito às pessoas gays, lésbicas, né... e pessoas que mudaram de gênero e tal no início. Hoje em dia a pauta deles já é outra, entendeu? Já é colocar ideologia de gênero, linguagem neutra, sexualização das crianças...*

Portanto, a mobilização dos homossexuais conservadores ocorre na identificação dos interesses antagônicos aos compartilhados no campo progressista. O ressentimento se torna potência de ação para disputar a narrativa da identidade homossexual e desenha os movimentos de gênero e sexualidade do campo progressista como inimigo a ser combatido. Fernando relatou as dificuldades e ameaças enfrentadas por homossexuais conservadores que se posicionam publicamente.

> *[...] porque é difícil você se posicionar, é difícil, não é fácil. Essa represália que a gente sofre por ter um pensamento completamente contrário a tudo que a pauta LGBT tem trazido, a gente é muito perseguido, a gente é muito aprisionado. É aquele negócio de a democracia, e não sei o que, aplaude uma carta pela democracia, mas ao mesmo tempo quando uma pessoa tem uma opinião completamente diferente da minha essa pessoa merece ser linchada, merece ser ignorada, merece ser rejeitada, merece ser xingada, né, esse é o método que eles trabalham, então isso acaba amedrontando muito os homossexuais que pensam como eu, por exemplo. Tem uma postagem mesmo no meu Instagram onde eu tenho várias e várias ameaças que eu recebi de pessoas de esquerda, de homossexuais de esquerda, dizendo que eu merecia homofobia, dizendo que se me encontrassem na rua ia me atropelar, que eu sou gay que deveria ser queimado. São coisas que apesar de eu saber que podiam nunca acontecer, são coisas horríveis de se ler. Então, durante um tempo, essas coisas começaram a mexer muito comigo, psicologicamente falando.*

Mariana também comentou sobre problemáticas similares às de Fernando, expressando suas desavenças com as demais comunidades.

> *[...] uma vez, eu e minha esposa fomos a um bar LGBTQ e a dona do estabelecimento veio até a mim e me convidou a me retirar, dizendo "que eu não era bem-vinda porque eu incomodava os clientes." Por isso, é muito mais complicado quando você é de direita, conservadora. O preconceito para mim é maior.*

O combate à ideologia de gênero e à linguagem neutra são referidos com frequência nos relatos dos entrevistados. Em entrevista concedida a uma revista direcionada ao público conservador e em outra reportagem realizada para uma revista de maior alcance, Mariana salientou seu engajamento político no combate a essas temáticas tradicionalmente localizadas como inimigas do campo conservador.

> *[...] Minhas principais brigas na cidade são contra a ideologia de gênero, porque eles querem desconstruir e fazer a família do jeito que eles imaginam, e não como ela realmente é. Acredito que esses militantes sejam pessoas revoltadas com as próprias famílias. Ou, às vezes, atuem mesmo por rebeldia, ou dificulda-des que tiveram com os pais. A partir daí, eles tentam destruir o conservadorismo e isso é totalmente errado.*
>
> *[...] A linguagem neutra desconstrói a identidade do indivíduo, é mais uma manobra coordenada pela esquerda, utilizada como uma chave para abrir portas para a ideologia de gênero.*

Nos relatos que referenciam *eficácia política* e *metas e repertórios de ações*, ressaltam-se os interesses em adentrar na arena política institucional como estratégia para efetivar os planos da agenda conservadora. Renato argumentou sobre o assunto:

> *Então, muita gente pensa que quatro anos dá pra gente fazer tudo, né? E nós do Gays com Bolsonaro, nós não temos ninguém com cargo político. [...] Então eu sempre costumo alinhar muito com os meninos de outros diretórios do Gays com Bolsonaro. O nosso momento hoje é político. Tudo que a gente tentar, tudo que a gente conseguir, tudo é político. Nós estamos aparecendo, né. É o introducing do Gays com Bolsonaro. Nós estamos aparecendo, as pessoas estão agora, neste momento, tendo a ideia de que existem gays conservadores, de que existem gays de direita, de que existem gays cristãos, de que existem gays que defendem a família, que defendem a criança. O nosso momento, hoje, nesse primeiro man-dato do presidente Jair Bolsonaro, é político. Todos os resultados que a gente alcançou nesses quatro anos foi de reconhecimento, de ter voz, de sair na mídia, de dar entrevista, de aparecer, né.*

Mesmo não tendo representantes do grupo figurando entre polí-ticos institucionais, a *eficácia política* do grupo do qual Renato faz parte é argumentada por ele pelo aumento gradual de reconhecimento den-tro de grupos conservadores. Ele afirmou que tal feito é um resultado importante e expressa uma mudança de paradigma da agenda política conservadora contemporânea.

> *[...] confesso que fui bem receoso nesse começo, mas aí eu comecei a receber convite pra estar em evento, pra ir à casa de alguém, pra conversar com alguém. "Ah, vem aqui", reunião*

> *e aquela coisa toda. Menina, quando a gente, nossa primeira viagem assim, essa foto é até emblemática..., nossa primeira viagem como grupo, como membros do grupo Gays com Bolsonaro à Brasília, a gente parou ali a Esplanada, a gente não conseguia nem andar, o pessoal, "ai, quero fazer foto, não sei o quê". Foi ali que comecei a perceber: "poxa, realmente a galera abraçou, né, a galera entendeu a nossa proposta." Preconceito, preconceito dentro da direita, eu não lembro de ter sofrido um preconceito.*
>
> *Nosso resultado é o movimento ser reconhecido. Eu gosto de uma palavra, eu acho muito interessante uma palavra que é autoridade, né. A gente criou, está no processo de criar uma autoridade. Nós já temos uma certa autoridade dentro do movimento conservador de direita brasileiro.*
>
> *Isso que a gente faz é uma vocação. Nós temos uma vocação de quê? De mostrar nesse exato momento para o Brasil, para os conservadores, pra mídia seja lá quem for, qual mídia que seja, que nós existimos. Sim, existe gay de direita no Brasil, não só existe gay de PSOL, não só existe gay de PCdoB, não só existe gay que defende o movimento LGBT.*

No entanto, Renato ressalva ser importante um trabalho coletivo para articulação do grupo no que diz respeito a *metas e repertórios de ações*, bem como a relevância de um engajamento para ações a longo prazo.

> *Eu fico sempre dizendo "não entrem em debates se forem pra passar vergonha, se for pra passar vergonha eu removo vocês, vocês vão ser excluídos do movimento", porque eu não quero movimentação vergonhosa. Querem participar de debate? que geralmente agora, desde 2018, fica acontecendo, né, tem Fórum Municipal Conservador, Fórum de Direito no interior não sei de quê e aí os meninos querem participar. Quer participar? Pois estudem, porque esse é o momento que a gente tem. A gente está aparecendo,*
>
> *[...] E eu sempre falo, olha, nos Estados Unidos, os caras lá estão lutando desde 1970, o primeiro movimento registrado de gays conservador nos Estados Unidos foi 1970, 80... De verdade, 90. Então os caras estão lá há muitos anos. Nós estamos a quatro, quase quatro, vamos fazer quatro agora em abril. Mas é isso, nós temos uma expectativa.*

Além disso, Renato comentou sobre desavenças entre os grupos conservadores dentro da política institucional por disputas de poder e sobre o posicionamento do grupo do qual é membro diante destas problemáticas.

> *[...] isso não vai deixar de existir, é política, né. Tem que ser obrigada a seguir meu candidato, o meu vereador, não existe isso, né. Aí o que acontece? Tem gente hoje dentro da direita, e eu digo isso com muita tranquilidade, que é pra direita, mas queria um cargo e não conseguiu. E aí deixaram de apoiar o presidente, deixaram de apoiar, de fazer campanha, digamos assim. Por quê? Porque acharam, tinham a expectativa de um cargo político, não conseguiram. Só que a gente do Gays com Bolsonaro, a gente nunca esperou esse cargo político de ninguém, né.*

No campo da política institucional, Mariana falou de suas metas de atuação no cargo político que exerce atualmente, enquadradas nas pautas da agenda conservadora, em reportagem direcionada a este público.

> *[...] o maior desafio desde que comecei a me envolver com política é a defesa das nossas crianças contra a ideologia de gênero e a erotização infantil. Acho isso tudo abominável, com criança não se mexe!*

É importante ressaltar, acerca do recorte temporal em que as entrevistas foram realizadas, que as pautas da campanha eleitoral para presidente eram mais urgentes. Nesse sentido, Renato esclareceu sobre os objetivos que norteavam a ação do grupo naquele momento.

> *Esse primeiro momento do Gays com Bolsonaro é político, esse primeiro momento a gente veio pra primeiro eleger o presidente e agora pra reeleger o presidente, né. Em o presidente sendo reeleito, a gente vai começar agora a partir mais pra ação realmente, sair do lado da política diária.*
>
> *[...] É um momento de transformação do Brasil, muita coisa acontecendo ao mesmo tempo, né. Em o presidente Bolsonaro sendo reeleito, que eu tenho certeza de que ele vai ser, embora difícil, mas vai ser... aí a gente vai começar a partir realmente pra ação. Nós temos muitos projetos que, infelizmente, com a pandemia, né... já era pra gente ter feito muita coisa no ano passado, nesses últimos dois anos de pandemia, só que infelizmente não teve como.*

A necessidade de articular ações com o foco na campanha do candidato põe os grupos do qual Renato e José fazem parte em evidência pública, provocando o reconhecimento por parte de representantes políticos conservadores diante do coletivo. José relatou sobre a proximidade do grupo com o então candidato à presidência e outros chefes de Estado atuantes naquele período.

> *[...] ano passado, fiquei 3 meses acampado nos "300", então eu já tive encontro com o presidente, não foi uma nem duas vezes... Então eu já conheço a ministra Damares pessoalmente. [...] Igual mesmo o dia que o presidente foi em Vitória, ele me reconheceu na hora no meio daquela muvuca. Todo mundo louco, eu nem fiquei em fila nem nada para ficar ali, né, mas tipo assim, na hora que o presidente... que eu fui andando, que eu tava com a máscara "Gays", aí ele já me reconheceu e ele foi e tirou uma foto comigo. Então tipo, dá esse espaço para gente, porque a gente tá... A gente é um movimento diferente para as pessoas, você tá entendendo? Porque igual eu falo para os meninos, a gente tem o movimento "Direita de não sei de quê", "Direita do Paraná", "Direita Minas", mas movimento gay é um, dois, três... Então por isso que eles abrem esse espaço.*
> *A gente vai para Brasília ter esse encontro com o presidente, [...] é de muita valia para gente, sabe, ter essa voz, mostrar o que realmente somos. A gente, como eu disse, a gente não está aqui para se expor e falar que nós somos gays não, a gente está aqui para defender coisas e pautas. Claro que nós somos um movimento diferente que todo mundo... O nosso é diferente. Hoje nós estamos conseguindo um pouco mais... vamos dizer, de privilégio e viabilidade, né, por causa de sermos gays e ser novo para própria direita.*

Além disso, José e outros integrantes relataram essa proximidade como estratégia para disputar narrativas sobre diversas temáticas com o campo progressista que envolvam debates acerca das identidades sexuais e de gênero.

> *A gente vai continuar divulgando a direita, principalmente os gays de direita, entendeu?*
> *A gente está aqui para, tipo... vamos supor, ter voz em certas coisas que a esquerda faz.*
> *Igual mesmo, lá em Cariacica mesmo, no Espírito Santo, a prefeitura vai destinar tal verba para um evento LGBT...*
> *É absurdo isso.*
> *Sendo que a saúde tá... Com o registro agora do movimento a gente vai poder interferir nisso e falar "não", entendeu? "Nós não queremos, é isso, é isso, vamos desviar essa verba para a saúde e tudo". Não ser contra para criar inimizade com essa turma, mas tipo...*

Outro fator relevante é o reconhecimento dos seguidores pelo engajamento político dos entrevistados. Fernando relatou comentários positivos dos apoiadores no seu perfil, evidenciando os resultados a partir dos afetos mobilizados pela sua atuação na internet. Nesse sentido, tal feito revela que a resposta das interações na plataforma é mensuradora da validade da *eficácia política*. Além disso, demonstra a dinâmica de um engajamento no nível individual que prolifera coletivamente, facilitado pelos recursos disponíveis nas plataformas digitais.

> *Eu recebi muitas mensagens de homossexuais de direita parabenizando, agradecendo por a gente estar à frente disso, sabe, por estar dando essa força, por estar trazendo confortabilidade para as pessoas conseguirem falar sobre o que elas acreditam, então eu acho muito importante mesmo, assim, demais, demais. É isso. Fico alimentando minhas redes sociais com pensamentos, eu trabalho justamente com isso, porque eu não tenho muita especialidade em mexer com vídeos, essas coisas, então eu... particularmente, a minha forma de alimentar minhas redes sociais são com meus próprios pensamentos.*

Ainda sobre evidências da *eficácia política*, Fernando argumentou acerca de a homossexualidade ter conquistado mais visibilidade no campo político conservador, ao contrário do estranhamento e estigmatização atribuído aos gays conservadores pelo campo progressista.

> *Então, óbvio que a minha sexualidade tem uma relevância muito grande no engajamento do meu trabalho, isso é fato, tanto é que eu comecei na internet assim, né, comecei a falar sobre política já como um gay de direita, porque hoje em dia gay de direita é uma coisa absurda pra esquerda e muito bem-vinda pra direita, sabe.*

No que diz respeito à *vontade de agir coletivamente*, os entrevistados relataram os momentos de ações coletivas como potencializadores da expressão da identidade grupal e uma forma de representar seu posicionamento político, individual e coletivamente. Ademais, todos comentaram ter participado de manifestações e atos de rua nos últimos anos. Fernando falou sobre a presença de gays conservadores nas manifestações convocadas pelo então candidato à presidência no dia 7 de setembro de 2022.

> *Eu fiquei no mesmo trio que eu tava ali em 2021, né, na primeira manifestação do 7 de setembro que teve ali. Cara, eu me vi sozinho naquele lugar. Completamente sozinho. O Renato tava em Brasília, eu tava ali no trio, eu tava sozinho, não tinha outro homossexual ali, pelo menos eu não identifiquei. [....] Mas dessa vez foi engraçado, porque quando o Renato tava discursando, tinha um menino com a bandeira LGBT lá embaixo, ele inclusive ergueu a bandeira, tinha algumas coisas escritas na bandeira,*

> *tinha mais um casal de homossexual que me segue, que tava mandando mensagem e queria encontrar a gente, tinha mais um homossexual lá embaixo, perto do trio, que tava ali perto, então tipo assim, eu vi vários gays e vários outros gays que me marcaram debaixo do caminhão.*

José comentou sobre a importância das participações nos atos convocados pelo campo conservador, revelando a intensidade dos afetos que mobilizavam o grupo para agir coletivamente. No relato, ficam evidentes os sentimentos de medo (caso a esquerda volte), esperança e desconfiança (caso o então presidente não fosse reeleito).

> *E a gente vai estar com ele. A gente não quer que a esquerda volte em si, entendeu? A gente tá aqui hoje, o nosso presidente é de direita, a gente tá aqui apoiando e defendendo ele. Mas a gente não sabe o ano que vem ou futuramente se vai ser ele, a gente não quer que a esquerda volte. E sabe o que que acontece? Igual eu falei para os meninos... Ontem eu conversei até com o meu patrão... [...] eu falei "ô, Marcelo, eu tô indo para São Paulo, mas eu não sei se eu vou voltar, eu sei que se eu morrer eu vou morrer lutando pelo meu país que eu amo tanto", entendeu? [...] Só para você ter uma noção, eu tava... Ontem mesmo, a gente veio de avião, parece que é tanta coisa que vem na nossa cabeça, que eu sonhei que o avião tinha caído duas vezes, entendeu? Então a gente tem que estar preparado para tudo nessa vida.*

A ação coletiva é relatada por Mariana como uma forma de expressar seu posicionamento político, que marca e enquadra a identidade política do indivíduo. Sobre o assunto, ela comentou como foi o início do seu interesse por política.

> *Durantes as manifestações do "Fora Dilma" — confesso que antes, quando era mais jovem, eu não me envolvia diretamente em questões políticas, mas neste momento acabei percebendo que precisava me posicionar e ajudar meu país de alguma forma.*

Já as ações dentro das plataformas digitais também são um campo de disputa e agenciamento político. Fernando relatou[8] sua atuação como criador de conteúdos digitais usados para alimentar o seu perfil e os perfis dos demais grupos conservadores, inclusive os que foram acompanhados nesta pesquisa.

---

[8] Semanas depois de realizada a entrevista, Fernando entrou em contato comigo para retificar o que havia dito sobre sua participação no grupo Gays de Direita Brasil. Segundo ele, por conta de questões sérias, que teve conhecimento após nosso encontro; em decorrência disto, solicitou aos responsáveis que retirassem seu conteúdo do perfil do grupo. No entanto, Fernando concordou que eu poderia mencionar seu apoio ao grupo até o momento em que solicitou o desligamento.

> *[...] além do Gays de Direita Brasil e Gays Com Bolsonaro, eu tô no GDO, que é o famoso GDO, [...] é, então, o gabinete do ódio. Eu também tô nesse grupo. Então, eu sou ativo neles todos, mais no GDO, inclusive, agora. Mas os meus pensamentos são utilizados em todos eles, até que eu tive uma foto minha que eu postei esses dias, com a bandeira LGBT, e 'Bolsonaro 2022', e o GDO postou essa foto. [...] Acabaram me pedindo pra entrar no grupo, eu entrei, e enfim, eu sou ativo ali também. Mas voltando à questão do grupo, é isso, o meu apoio ao grupo, na verdade, é mais a minha imagem, digamos, não que eu seja o cara, né? Mas o pouco de influência que eu tenho na internet, eu posso ajudar tanto um quanto outro, sabe? Um cara chega aqui e te diz "ah eu sou do grupo tal, do movimento tal", eu sou aquele que vai ajudar aquele que precisa e que tem objetivos iguais aos meus, digamos. Entende? Então é isso, assim.*

O uso das manifestações como estratégia para possíveis transformações na identidade grupal revela a articulação entre as ações coletivas e os efeitos que elas podem propagar. Sobre isso, Renato comentou acerca da mudança no logotipo do Gays com Bolsonaro durante as manifestações do 7 de setembro.

> *Mas aí veio nessa nesse momento de transformação, né, e ficou bem assim... ficou bem marcante, porque teve um porquê, né. A logo de movimento mudou no 7 de setembro, quando milhões de pessoas foram às ruas, né, em defesa das suas liberdades, em defesa do presidente Bolsonaro e todos os princípios que a gente carrega também.*

De maneira geral, todos os entrevistados apresentaram narrativas contendo dilemas e conquistas experenciados nas vivências do campo político. Seja nas entrevistas, seja nos relatos de reportagens, chamou atenção a diversidade de repertórios e ancoragens que viabilizaram a formação e a expressão da consciência política desses sujeitos, individual e coletivamente. Para finalizar, apresento a seguir alguns relatos do diário de campo elaborado a partir de minhas participações em manifestações de rua.

Dinâmicas nas manifestações de rua

Desde o início das observações dos perfis no Instagram, em fevereiro de 2021, para além dos aspectos que diziam respeito às características dos homossexuais conservadores, comecei a me deparar com uma série de agendas políticas que convocavam seus apoiadores para participar de atos e manifestações de rua. Havia um dilema enorme em desenvolver esta parte do campo, tendo em vista que estávamos vivendo o período mais drástico da pandemia da Covid-19, quando se contabilizou mais de 4 mil mortos pelo vírus, em um dia, no Brasil[9].

O campo político no país estava em ebulição diante desses números. Já os perfis acompanhados faziam sua parte como representantes da agenda conservadora da situação, defendendo as ações do então presidente e veiculando suas posições sobre a pandemia: apoiavam o tratamento precoce; traziam dúvidas quanto à eficácia das vacinas; questionavam as medidas de isolamento social e repudiavam a obrigatoriedade da vacinação para acesso a estabelecimentos.

O cumprimento da cobertura vacinal começou no início de 2021, entretanto a execução de seu cronograma perdurou, ao longo de todo ano, até que todas as faixas etárias fossem contempladas no calendário de vacinação. Eu, por exemplo, consegui me vacinar com as duas doses somente em agosto de 2021. Tais circunstâncias eram imponderáveis e inviabilizavam minha participação segura no campo. Ainda assim, consegui acompanhar duas manifestações de rua naquele período, compartilhadas nos perfis observados: uma em 15 de maio de 2021 e outra em 1º de agosto de 2021. Após ter me vacinado com todas as doses, participei de mais três atos: os de comemoração da Independência do Brasil, em 2021 e 2022, e a manifestação convocada para o Dia do Trabalho, em 1º de maio de 2022.

O primeiro ato que acompanhei chamava-se Marcha da Família Cristã Pela Liberdade e declarava apoio explícito ao então presidente. Realizado na Avenida Paulista, o ato se concentrou com uma pequena aglomeração de pessoas, boa parte fazendo uso de máscaras, em frente ao prédio da Federação das Indústrias do Estado de São Paulo (Fiesp).

Logo ao chegar à manifestação, observei um homem branco entregando panfletos de um coletivo. Ele tentou entregar a jovens que, visivelmente, não estavam participando da manifestação. Os jovens, então, pediram para fazer uma *selfie* com o homem dos panfletos. Após conseguirem a foto, forem embora rindo, e ouvi seus comentários ao final da conversa: "Vou fazer uma figurinha de gado", aludindo aos apoiadores do presidente.

---

[9] "Brasil tem segundo dia com mais de 4 mil mortes por covid-19 em 24 horas". *Estado de São Paulo*, São Paulo, 8 de abril de 2021. Disponível em: https://www.estadao.com.br/saude/brasil-tem-segundo-dia-com-mais-de-4-mil-mortes-por-covid-19-em-24-horas/. Acesso em: 20 dez. 2021.

Outra cena que observei durante o ato aconteceu logo que estacionei próximo à concentração de pessoas. Um guardador de carros me perguntou: "Vai na manifestação, moça?" Respondi que sim, e ele comentou ter notado que "estavam tentando juntar gente desde as 12h30, mas já era 15h e ainda tinham poucas pessoas". No mesmo momento, chamou minha atenção um carro estacionado com pessoas apertadas dentro dele em meio a "produtos verde-amarelos". Já no epicentro da manifestação, reencontrei essas pessoas, vendendo os produtos como bandeiras do Brasil e outros artefatos que sinalizavam apoio ao presidente.

Permaneci por uma hora na calçada em frente ao prédio da Fiesp, onde o carro de som estava estacionado, havia por volta de cem participantes. Ao longo do ato, os manifestantes não pareceram estar muito atentos às falas dos integrantes do carro de som, que gritavam palavras de ordem, faziam orações, pediam apoio ao presidente e cantavam o Hino Nacional. Embaixo do carro de som, havia uma aglomeração de pessoas chamando para filiação ao grupo Aliança Jovem Conservadora. A seguir, algumas imagens com registros do ato.

Figura 30 – Fotos tiradas durante as manifestações "Marcha da Família Cristã Pela Liberdade"

Fonte: arquivo pessoal

Já na segunda manifestação que acompanhei, novamente na Avenida Paulista, logo ao chegar, pude constatar uma quantidade muito superior de participantes que o ato anterior. Havia dois carros de som fechando a Paulista na vertical: um na Rua Pamplona (próximo a Fiesp) e outro, de menor tamanho, na Alameda Casa Branca (esquina com o MASP). Constatei uma aglomeração intensa próxima dos carros de som; mesmo ao me afastar, a quantidade de pessoas era expressiva, ainda que menor.

De maneira geral, os participantes faziam uso de roupas com cores da bandeira nacional, alguns usavam a bandeira como capa sobre as costas. Outros seguravam banners e placas com frases como "Comunistas de toga. Inimigos do povo"; "Pesquisa data povo Lula na cadeia"; "Voto impresso e auditável com contagem pública dos povos"; "Guarulhos junto com Bolsonaro"; "Ministro Barroso: todo poder emana do povo".

A maioria dos presentes eram pessoas mais velhas e brancas. Havia também um número maior de vendedores que se aglomeravam para vender uma enorme variedade de produtos: camisetas, bonés, bandeiras, pulseiras e toalhas, todos com símbolos e estética que faziam alusão ao patriotismo, nacionalismo e frases de apoio ao então presidente e suas pautas defendidas, como o "voto auditável". Alguns dizeres e imagens das camisetas e das bandeiras traziam fotos do presidente em corpos musculosos, de super-heróis e filmes de guerra. Outras traziam frases como "Meu partido é o Brasil" e "Globo Lixo". Além disso, em meio aos "verdes e amarelos" de pessoas e suvenires, observei a venda da bandeira de Israel.

Ao andar pela manifestação, fui identificando uma série de coletivos e grupos divulgados em banners, placas e bandeiras: Boinas negras (veteranos da Ronda Ostensiva Tobias de Aguiar – ROTA); #NasRuas (antigamente ligado ao Movimento Brasil Livre – MBL); Movimento Amor pelo Brasil Guarulhos; Marcha da Família Cristã pela Liberdade; Movimento Família Brasileira (MFB); Ordem dos Advogados Conservadores do Brasil (OACB).

É importante ressaltar que, aos domingos, a Avenida Paulista fica fechada para lazer. Portanto, foi possível diferenciar os vendedores e transeuntes que habitualmente estariam no local nesse dia e a interação deles (ou não) com a manifestação. Em decorrência disso, observei uma cena peculiar: um jovem ouvia uma música com volume muito alto, parecia ser estilo heavy metal, ao mesmo tempo que um homem tocava violão e cantava um pagode dos anos 1990. Ambos destoavam completamente do contexto da manifestação, embora estivessem no centro das aglomerações, dando a sensação de que não havia ato para eles e que estavam ali como em um domingo qualquer.

Figura 31 – Fotos tiradas durante manifestação realizada em 1 de agosto de 2021

Fonte: arquivo pessoal

A terceira manifestação que acompanhei aconteceu no feriado do Dia da Independência do Brasil, em 7 de setembro de 2021. Dentre todas nas quais estive presente, essa foi a que apresentou o maior número de participantes[10].

Para além da observação, tal qual feita nos atos anteriores, foi nesse dia que realizei a primeira entrevista semiestruturada da pesquisa com José e outros integrantes do grupo Gays de Direita Brasil. Eles estavam em São Paulo para participar da manifestação, e conversamos poucas horas antes do início do ato, em um restaurante próximo ao local onde estavam hospedados.

Cheguei no horário marcado com José, às dez da manhã. Parei a poucos metros do local combinado e, ao caminhar em direção ao local, avistei-o com outros integrantes do grupo, do outro lado da rua. Entretanto, antes de cumprimentá-los presencialmente, observei da outra esquina, bem próxima ao local onde eles se encontravam, o momento em que o grupo de José foi hostilizado por pessoas que passavam de carro na rua. Um carro chegou a parar e um passageiro desceu, se aproximou de José e do grupo e visivelmente começou a discutir com eles, mas poucos minutos depois o passageiro entrou no carro novamente e foi embora.

Após essa cena, atravessei a rua e me apresentei. José pediu para que entrássemos no restaurante, e nos sentamos em uma mesa nos fundos do estabelecimento. Ao todo cinco integrantes do grupo Gays de Direita Brasil participaram da entrevista. Os demais presentes participaram da conversa, mas não quiseram assinar o TCLE.

Desde o início dos primeiros contatos, José se mostrou receptivo à entrevista, e o mesmo acolhimento foi identificado nos demais integrantes do grupo. Ao nos sentarmos à mesa, um deles desligou a televisão do restaurante, e outro foi buscar café, água e pão de queijo para todos, já que ainda não haviam tomado café da manhã.

Todos estavam de camisetas com cores verde e amarela, bandeiras do Brasil Império e outros adornos característicos que já havia identificado nas manifestações anteriores.

Conversamos por cerca de uma hora e meia, e, de maneira geral, todos interagiram, trazendo relatos e comentários sobre sua participação do GDB, os laços estabelecidos pela política, bem como experiências por serem homossexuais de direita. Aquilo que, no início, era para ser uma entrevista com José, virou uma conversa grupal.

---

[10] "Manifestações em SP: PM estima 125 mil na Paulista e 15 mil no Anhangabaú". *O Tempo*, 7 de setembro de 2021. Disponível em: https://www.otempo.com.br/politica/manifestacoes-em-sp-pm-estima-125-mil-na-paulista-e-15-mil-no-anhangabau-1.2538485. Acesso em: 18 dez. 2022.

Ao final nos despedimos, eles subiram a pé para Paulista, e eu fui de moto. Ao chegar a uma rua quase na esquina com a avenida, encontrei um grupo de pessoas pedindo autógrafos e ovacionando o então ministro do meio ambiente Ricardo Salles. Os bares estavam cheios, e fazia muito sol, pois era por volta de meio-dia.

A ideia inicial era reencontrar com os integrantes do grupo que havia entrevistado na Paulista, mas tornou-se inviável, pois a quantidade de participantes e carros de som era enorme. Milhares de pessoas de verde e amarelo e mais de dez carros de som estacionados na Paulista davam um ar de "parque temático". Era possível ver soldados da reserva fardados desfilando com viaturas antigas, senhoras de meia idade carregando dizeres contra o STF e outras expressões já familiares nas manifestações que acompanhei anteriormente. Porém, notei um clima mais descontraído e amistoso em comparação com as outras, com pessoas bebendo cerveja nos bares e rindo quando começava uma música com letras chacoteando o governador de São Paulo ou ovacionando o então presidente Jair Bolsonaro, além da presença expressiva de crianças e famílias durante a manifestação. Observei também algumas aglomerações espontâneas, quando os participantes identificavam uma personalidade famosa das redes sociais fazendo vídeos ao vivo, direto da manifestação, para gerar engajamento nos seus perfis da internet.

Outro fenômeno interessante foi um número expressivo de cartazes com dizeres em outras línguas, como inglês, alemão e espanhol. Havia ainda uma variedade de temáticas de carros de som, que aparentemente se dividiam por setores, tais como entretenimento, religiosos e organizações civis. Todos estavam com um volume excessivamente alto, intercalando músicas de apoio ao presidente, falas de personalidades e Hino Nacional.

Consegui com dificuldades transitar por uma hora pela Avenida Paulista e o calor só tornava pior o volume dos carros de som. Retornei pela Alameda Santos por causa da aglomeração na Paulista. Ainda assim, havia um fluxo intenso de participantes da manifestação usando a rua lateral para conseguir transitar de um quarteirão para o outro.

Figura 32 – Foto dos integrantes do grupo Gays de Direita Brasil após entrevista

Fonte: arquivo pessoal

Figura 33 – Fotos tiradas durante manifestação realizada em 7 de agosto de 2021

Fonte: arquivo pessoal

       Observar a manifestação ocorrida no feriado do Dia do Trabalho, em 1º de maio de 2022, foi bem cansativo, pois estava um pouco indisposta fisicamente naquele dia. Ainda assim, consegui chegar ao ato no início. Havia um número de participantes semelhante à segunda manifestação da qual participei, em agosto de 2021, porém sem alcançar os milhares de pessoas que estavam presentes no ato do dia da Independência do Brasil, em setembro de 2021.

Para além dos elementos similares, constatei um manejo diferente por parte da polícia militar ao acompanhar o ato. Os carros de som estavam atravessados na Avenida Paulista, do mesmo modo como estavam nas outras manifestações, mas ouvi comentários sobre a ausência de autorização prévia para fechamento da rua e realização da manifestação. Um clima de hostilidade inédito se iniciou entre os organizadores do ato e os policiais. O helicóptero águia voou baixo sobre a Paulista por diversas vezes, até os organizadores desistirem de resistir e aceitarem o pedido da polícia para manobrarem os carros. Quando isso aconteceu, um locutor começou a orientar as pessoas para que se afastassem dos carros de som e reclamou dizendo se tratar de *"uma retaliação do governador de São Paulo, que não apoiava Bolsonaro"*.

Depois de quase meia hora, alguns carros permaneceram, mas outros foram retirados da Paulista por não terem autorização. Diante da abordagem dos policiais, era nítido o descontentamento dos participantes, bem como dos jornalistas da rádio Jovem Pan que se agrupavam próximos de uma enorme tela na qual o então presidente em exercício falaria aos manifestantes.

Também identifiquei que alguns transeuntes vibravam com o ocorrido. Uma mulher se deitou no chão e começou a gritar "Fora Bolsonaro!". Ao me afastar da pequena multidão que permanecia em volta dos carros, notei pessoas que comentavam estar surpresas com a manifestação e com a abordagem da polícia militar.

Figura 34 – Fotos tiradas durante manifestação realizada em 1º de maio de 2022

Fonte: arquivo pessoal

Figura 35 – Fotos tiradas durante manifestação realizada em 1º de maio de 2022

Fonte: arquivo pessoal

A última manifestação que acompanhei aconteceu no feriado da Independência do Brasil, em 7 de setembro de 2022. O clima para o ato era bem diferente do ano anterior, por ocorrer às vésperas das eleições presidenciais. O presidente em exercício e candidato à reeleição fez diversas convocações para mobilizar seus apoiadores a participarem dessa manifestação.

Cheguei ao ato por volta do meio-dia. Como no ano anterior, parei numa travessa da Avenida Paulista. Entretanto, o clima era frio e chuvoso. Muitas pessoas usavam capa e guarda-chuva, além de buscarem abrigo sob toldos e marquises quando a garoa se intensificava. Visivelmente, havia menos pessoas que no ano anterior, ainda assim a quantidade era expressiva.

Ao caminhar pelas ruas, deparei-me com símbolos e reivindicações já conhecidas, comuns aos grupos de apoiadores do então presidente. camisetas verdes e amarelas e da seleção brasileira de futebol, bandeiras do Brasil, toalhas com os dizeres "Meu partido é o Brasil", "Bolsonaro presidente", e faixas com pedidos de intervenção militar, fechamento do STF e questionamentos sobre as urnas eletrônicas.

Já na Avenida Paulista, a movimentação de ambulantes era grande, vendendo produtos com referências a Bolsonaro e suas pautas comuns. Além disso, uma quantidade considerável de pessoas transitava pela

Avenida, mas, de modo geral, as aglomerações se concentravam sempre próximas dos carros de som estacionados em toda extensão da Paulista, num total de 13 trios elétricos.

Como das vezes anteriores, fui vestida com uma camiseta verde lisa, sem estampas nem dizeres. Minha sensação inicial era sempre de muita ansiedade, já que o medo era um sentimento constante. Frases de ódio foram rapidamente identificadas no trajeto: "Fascista é teu cu" ou "Fora STF, inútil".

Dessa vez, posicionei-me no carro organizado pelo movimento Avança Brasil. Em sua página do Facebook, o movimento se descreve como o maior movimento conservador do Brasil. O som era excessivamente alto, e na identificação do carro estavam escritas as seguintes palavras: Liberdade, Estabilidade e Prosperidade.

Logo que cheguei, o locutor do carro falava sobre as personalidades que fariam suas falas ao longo do dia, dentre elas, o Renato, vinculado ao grupo Gays com Bolsonaro.

Antes de sair, já tinha entrado em contato com Renato, perguntando se estaria na Paulista; ele apenas me respondeu que sim, mas não demonstrou abertura para acompanhá-lo no dia. Também entrei em contato com José, do Gays de Direita Brasil, mas ele estaria em Brasília e me deixou o contato de outro integrante, representante do grupo que viria para São Paulo, o qual me disse que havia ficado doente e, por isso, não estaria presente no ato. Então decidi permanecer em frente ao carro até que Renato aparecesse. Durante a espera, algumas personalidades da mídia e do entretenimento conservador fizeram suas falas, como Antônia Fontenelle, atores do Canal Hipócritas e uma comentarista cubana da Jovem Pan, Zoe Martinez.

Entre os diversos discursos com pautas já conhecidas, houve um momento em que um dos locutores do carro de som apresentou um homem jovem de camiseta preta com o rosto de Bolsonaro estampado e uma bandeira do arco-íris nas costas, chamado Fernando. A fala durou pouco mais de três minutos e meio, trazendo definições sobre liberdade:

> [...] não importa se você é preto, pobre, homossexual etc., pois a liberdade diz respeito a sermos quem somos de verdade.

Nesse momento, ele abraçou o Fernando e continuou:

> [...] por isso a esquerda odeia a direita. Porque ela fala, olha se você é homossexual, o hetero não gosta de você. Se você é preto, o branco não gosta de você. E se você é pobre, o rico quer pisar

em você. Isso não importa! Isso é o cerceamento da liberdade. Isso é retirar a liberdade. A liberdade é isso aqui! Estar aqui expressando essa liberdade, expressando a vontade própria de cada um. Todos pela liberdade! E isso que a direita pede e nós exigimos. E agora me diz, onde está na nossa constituição, que eu como hetero, não posso estar junto do homossexual, e abraçado com ele? Em nenhum lugar! Isso que é a liberdade! E queremos que isso seja seguido à risca. E não criando leis que não existem, não criando fatos fictícios, onde querem simplesmente tirar esta liberdade. Fernando, é uma honra estar do seu lado e todo pessoal do movimento LGBT, desde que ele tenha a liberdade dele.

Após essa fala, Fernando abraçou o homem e, logo em seguida, colocou a bandeira do arco-íris apoiada no carro com outras bandeiras de grupos conservadores.

Era a primeira vez, em todas as manifestações, que constatava o reconhecimento literal e positivo de homossexuais conservadores por outros parceiros do mesmo espectro político. Fiquei intrigada com Fernando. Nunca o tinha visto nas redes sociais. Além disso, notei uma repercussão positiva dos apoiadores, com falas de aprovação sobre ele e sobre Renato.

Aliás, outro ponto interessante foi a reação dos apoiadores reconhecendo as "personalidades" que falariam no carro. Muitas pessoas gritavam, como se ali estivessem pessoas famosas e midiáticas.

Saí um pouco de perto do carro de som para observar o movimento em outras partes da Avenida. O som estava muito alto, e minha cabeça começava a doer. Observei clareiras entre os carros, onde era possível circular com mais tranquilidade. Ambulantes vendiam camisetas, bandeiras e bonés. Havia alguns produtos com alusões às mulheres, como uma camiseta com os escritos "Todas as mulheres nascem iguais, mas as melhores apoiam Bolsonaro", além de outras estampas com o #Elenão com uma mão com quatro dedos, fazendo alusão ao candidato à presidência do campo progressista. Nenhum ambulante vendia produtos com a cor do arco-íris ou com menções aos movimentos políticos de gênero e sexualidade.

Ao voltar para o carro, percebi que Fernando estava na rua, no cercado que separa o carro de som dos demais participantes. Fui até ele, apresentei-me e perguntei sobre a presença de Renato. Fernando respondeu que ele ainda não havia chegado, mas que com certeza viria. Relatou também que fazia parte dos dois grupos (Gays com Bolsonaro e Gays de Direita Brasil) e que tinha um perfil no Instagram. Aproveitei a oportunidade para explicar a proposta da minha pesquisa e perguntei se poderia entrar em contato com ele para marcarmos uma entrevista. Ele respondeu que sim, e me despedi.

Pouco tempo depois, encontrei Renato e seu esposo entrando no carro de som. Cumprimentei os dois e perguntei ao Renato se ele iria fazer alguma fala no carro. Ele respondeu: "*Espero que sim, né*", enquanto outros conhecidos o abordavam, além do próprio Fernando. Em seguida, pedi para tirar uma foto dos três.

Tentei ficar até a fala de Renato, mas já estava há quase quatro horas na manifestação... Meus ouvidos doíam muito e estava sem almoçar. Parei para comer batata frita, no intuito de minimizar a dor, e, enquanto comia, observei os apoiadores ovacionarem Zoe Martinez, a comentarista cubana da Jovem Pan. Ela falou sobre a ditadura cubana e a insegurança alimentar em Cuba, apresentou um cartão que dizia ser o controle de alimentos do Estado Comunista. Após sua fala, estendeu uma bandeira cubana no trio elétrico.

Figura 36 – Fotos de Fernando em cima do carro de som, e de Renato e seu marido durante as manifestações de 7 de setembro de 2022

Fonte: arquivo pessoal

Figura 37 – Fotos tiradas durante a manifestação realizada no dia 7 de setembro de 2022

Fonte: arquivo pessoal

Acompanhar as manifestações de rua foi fundamental para o desenvolvimento do trabalho. Diversas vezes deparei-me com discursos duvidosos diante da capacidade de mobilização das ruas por parte do campo conservador. Por exemplo, ao retornar de uma das manifestações, por coincidência encontrei um colega. Após ouvir meus relatos sobre a potência de engajamento e mobilização que tinha acabado de presenciar, ele comentou com dúvidas sobre meu depoimento, dizendo não ser possível toda essa articulação de rua vinda do campo político da direita. Não era a primeira vez que ouvia reflexões sobre as mobilizações de rua serem, supostamente, um fenômeno exclusivo do campo progressista. Porém, constatei in loco esse equívoco ao ver uma rua disputada acirradamente pelo campo conservador e como sinônimo de força e poder daqueles que a ocupavam.

As três movimentações articuladas para realizar a parte prática desta pesquisa possibilitaram desvelar o cotidiano de comportamentos e mobilizações políticas dos perfis acompanhados nas plataformas digitais e seus grupos. A partir das linguagens características de cada campo, busquei explorar os elementos de formação da consciência política, seus engajamentos e expressões, norteadores da identidade política de homossexuais conservadores.

O modelo de consciência política foi crucial para estruturação das entrevistas e como estratégia para organização das informações colhidas durante o campo. Além disso, seu uso serviu como facilitador para aproximação do fenômeno, pois a compreensão por dimensões trazia a multiplicidade de elementos da consciência política a serem trabalhados como um mosaico em um caleidoscópio em constante transformação. Foi preciso "girar" o caleidoscópio inúmeras vezes para assimilar cada parte do mosaico que compõe a consciência política dos perfis observados. Se, em algumas situações, esses movimentos me trouxeram mal-estar, ansiedade e medo, as experiências do campo foram essenciais para novos olhares sobre o fenômeno estudado. Portanto, para além do seu aporte teórico-metodológico, o modelo serviu como ponto de equilíbrio do meu olhar nas experiências do campo, possibilitando análises e reflexões importantes, a serem exploradas a seguir.

ANÁLISE DO ENGAJAMENTO POLÍTICO DE HOMOSSEXUAIS DE DIREITA

A compreensão de fenômenos políticos exige daqueles que observam disposição frequente para mudar a posição para observá-los melhor. Nesse sentido, foi preciso uma imersão profunda no cotidiano dos perfis acompanhados, fazendo uso de diversos caminhos: redes sociais, entrevistas e manifestações, para começar a assimilar o engajamento político dos homossexuais de direita. Diversas e frequentes também foram as oscilações de meus sentidos diante do que via: de medo e angústia a interesse e entusiasmo.

No decorrer do processo de organização por dimensões, alguns aspectos inéditos foram sendo esclarecidos. Ao contrário do que se supunha, sobre a mobilização política desse público ser pouco expressiva quando comparada a outros movimentos sociais parecidos, evidenciou-se um engajamento político articulado, com uma formação e expressão da consciência política potente e capilar, rigorosamente alinhada à conjuntura política do Brasil no governo institucional vigente naquele momento.

Foram definidos, então, três caminhos de reflexão para organização da análise. O fenômeno social, trazendo leituras concernentes ao comportamento grupal e sua relação e impacto no contexto social. O segundo lança um olhar sobre os perfis individuais, apresentando reflexões acerca de elementos subjetivos relevantes para construção e manutenção da consciência política individual e coletiva. Por último, o caminho de análise se aprofunda na atividade de militância, oferecendo considerações quanto à articulação para ação política e disponibilidade para agir coletivamente.

Sendo assim, o propósito aqui é apresentar reflexões sobre o campo considerando estas três frentes analíticas: como fenômeno social; a partir de cada um dos perfis individuais; e como militância política — todas elas à luz do modelo de consciência política anteriormente apresentado.

O fenômeno

O primeiro caminho que escolhi como estratégia para desenvolvimento da análise foi a partir do fenômeno que me motivou como tema da pesquisa e deste livro: a mobilização política de homossexuais de direita entendida como fenômeno social discrepante em relação aos demais movimentos políticos de gênero e sexualidade em evidência nos últimos 50 anos no Brasil e em outros países. De modo geral, a ascensão dos direitos civis, a representatividade e a transformação no âmbito social, no tocante ao gênero e à sexualidade, foi encabeçada por movimentos sociais do campo progressista. Salvo algumas experiências nos Estados Unidos, de grupos políticos inseridos no partido republicano, como o antigo Log Cabin Republicans, iniciado no final dos anos 1970, e os mais recentes, como Gays for Trump ou LGBTrump, que surgiram durante a primeira campanha eleitoral do candidato republicano Donald Trump, a hegemonia do campo progressista nessa agenda é, inclusive, ponto de disputa e combate apresentado com frequência pelos homossexuais de direita acompanhados durante a pesquisa.

No que concerne às crenças e aos valores societais, homossexuais de direita basicamente se alinham aos valores do conservadorismo, porém com ênfase na ideia de liberdade econômica irrestrita e como representantes das pautas de costumes de uma heterossexualidade hegemônica a ser preservada no âmbito público, sobrando o espaço privado para as outras formas de vivência de gênero e sexualidade. Nesse sentido, essa liberdade arraigada num pensamento econômico ultraliberal seria suficiente para as expressões de gênero e sexualidade não hegemônicas existirem em harmonia com a heterossexualidade, respeitando-a como norma universal e de predominância social.

O apego a essas duas crenças, liberdade e heteronormatividade, viabilizam a existência e a representatividade dos homossexuais de direita no campo conservador; tornam-se referências contemporâneas importantes para articulações políticas, tendo em vista as mudanças de valores e crenças sociais sobre gênero e sexualidade ocorridas nas últimas décadas. Isso explica a ascensão dessas personagens para além de alinhamentos políticos figurados individualmente na agenda conservadora, mobilizando o surgimento de grupos e agenciando pessoas para agir coletivamente.

Vale ressaltar que os sentimentos e as emoções oriundos dos simbolismos ideológicos conservadores, que estruturam essas crenças e valores, radicalizaram-se diante das oscilações de conjuntura política ocorridas durante as observações. Por exemplo, conforme a campanha eleitoral ia se aproximando e as pesquisas eleitorais eram divulgadas, os perfis acompanhados durante a pesquisa se engajavam em mobilizações de questionamento do sistema eleitoral, reivindicando o fechamento do Congresso Nacional via intervenção militar, apoiando discursos reacionários sobre grupos minoritários, revelando uma agenda conservadora radicalizada, agenciada por narrativas de cunho antidemocrático.

Nessa situação, as mobilizações políticas dos homossexuais de direita demonstraram estar mais implicadas na defesa das pautas conservadoras radicalizadas do que de pautas identitárias de gênero e sexualidade. Para explicar essa discrepância, as matrizes discursivas do bolsonarismo, apresentadas por Nunes (2022), são elucidativas. Segundo o autor, existem as matrizes que pertencem a um determinado grupo ou classe; as que são largamente disseminadas, mas que se mantêm sem interferências de grupos ou classes; e as que também são compartilhadas, porém apresentam sentidos distintos, vinculados ao lugar que se ocupa dentro das camadas sociais. O fenômeno do engajamento político de homossexuais de direita se encontra nessa terceira matriz, pois se coloca como estratégico e inovador na ação de mediar a tradicional agenda conservadora diante das mudanças na estrutura social sobre marcadores de gênero e sexualidade. Entretanto, partilham amplamente das pautas principais do conservadorismo, uniformizando seus discursos para que elas estejam sempre em evidência.

Portanto, para compreender as crenças e os valores que envolvem o engajamento político de homossexuais de direita, foi necessário localizar suas condições macrossociais, seus dilemas na ação política e como ajustam os sentimentos e emoções conforme a necessidade do cenário político. Isso porque são as conjunturas sociais que sedimentam as crenças e os valores no cotidiano destes sujeitos, tornando-os foco de disputa e pilares importantes para a formação da consciência política (Sandoval; Silva, 2016).

Vale ressaltar que as crenças e os valores societais formadores da consciência política dessa população estao ligados às crenças e aos valores que participam da cultura política brasileira: aquela cujas raízes são coloniais e escravocratas. Facilitados pelas plataformas digitais, os homossexuais de direita encontraram nas redes sociais espaço de encontro e diálogo para expressão desta consciência política deslegitimada e excluída do fazer político tradicional após a redemocratização do país, seja dentro dos partidos, seja nos movimentos sociais ou institucionalmente. Entretanto, os valores e as crenças desses grupos ficam restritos àqueles entregues pelas próprias plataformas, portanto sem possibilidade de ideias dissonantes em relação às já compartilhadas por eles. Tal característica explica as expressões que flertam com instituições autoritárias, além de pensamentos e comportamentos antidemocráticos, ainda que a liberdade econômica seja um ponto alto na narrativa dos perfis observados para argumentar um viés supostamente democrático de suas consciências políticas e que o uso da palavra "democracia" seja frequentemente associado, por eles, à "liberdade de expressão" entendida como dizer o que se quer e como quer.

Outro aspecto importante a ser ressaltado sobre o engajamento político de homossexuais de direita diz respeito aos sentimentos advindos da relação com os movimentos sociais de gênero e sexualidade pioneiros e hegemônicos das últimas décadas. Vinculados ao campo progressista, esses movimentos conquistaram mudanças sociais tão significativas e capilares que, no senso comum, os ideários políticos de esquerda se tornaram quase unânimes como associados à homossexualidade.

A formação e expressão da consciência política no interior desses movimentos sociais têm fortes influências do período de redemocratização brasileira ocorrida nos anos 1980. De modo geral, a visibilidade dos movimentos sociais identitários cresceu exponencialmente[11], paralela ao fortalecimento de partidos alinhados à esquerda do espectro político, que, naquele momento, começaram lentamente a absorver tais reivindicações para além da luta de classes (Macrae, 2018).

Por outro lado, a ascensão do campo da esquerda uniformizou as temáticas de gênero e sexualidade segundo os interesses de sua agenda, de tal modo que provocou o silenciamento e a invisibilidade na participação política daqueles indivíduos que não concordassem integralmente com suas pautas. Paralelamente, essa hegemonia do pensamento também culminou num esquecimento, por parte dos grupos sociais do campo progressista, da possibilidade de expressão e até mesmo existência de grupos políticos cujos integrantes não se enquadram como cis heterossexuais e se localizam como opositores das pautas hegemônicas da esquerda sobre os marcadores de gênero e sexualidade. Não raro, são argumentos

---

[11] No capítulo intitulado "Identidades homossexuais e movimentos sociais urbanos no Brasil da 'Abertura'", no livro *História do Movimento LGBT no Brasil*, Macrae (2018) apresenta uma linha do tempo que contextualiza a trajetória dos movimentos LGBT no Brasil, antes e durante o processo de redemocratização, nos anos 1980, apresentando as articulações e ações dos grupos em relação às pautas para garantia de direitos e proteção da população LGBT naquele período.

que minimizam e questionam a capacidade de articulação desses grupos ou até mesmo se, de fato, seria um fenômeno político real e legítimo. Tal compreensão foi uma das razões mais importantes para a construção da pesquisa que deu origem a este livro.

Não obstante, é fundamental considerar que a visibilidade desse fenômeno se acentuou após as eleições de 2018, com a vitória do candidato do campo conservador da extrema direita. Apesar de, após o processo de redemocratização, termos experenciado pouco mais de uma década de gestões ligadas a partidos de direita, a tomada de poder por vias democráticas por uma direita radicalizada proporcionou a ascensão de uma série de fenômenos grupais que antes tinham menos evidência. Na onda do crescimento de fenômenos coletivos extremistas, como grupos fascistas e antidemocráticos, e conservadores mais moderados, surge também o engajamento político dos homossexuais de direita.

O fenômeno político dessa população se evidencia pela capacidade de articulação e impacto dos grupos acompanhados. Em tempos de redes sociais, os engajamentos que surgem a partir de postagens, vídeos e imagens compartilhadas nas plataformas, materializam os ideários políticos e mobilizam apoiadores a se engajarem politicamente, num ciclo de comportamentos políticos que se retroalimentam (Cesarino, 2022). Além disso, sugere-se que o aumento dos recursos advindos das relações diretas com figuras civis midiáticas ou políticos institucionais também seja um fator que explica a ascensão e visibilidade dos homossexuais de direita. Conforme observado nos perfis acompanhados na pesquisa, era comum marcar personalidades conhecidas do campo político conservador ou compartilhar registros de fotos e postagens ao lado delas, como estratégia para gerar engajamento nos seguidores da página. Tal funcionamento também se expressou em todas as entrevistas com os participantes da pesquisa, quando mencionavam sua proximidade com políticos importantes do meio conservador.

O aumento no número de seguidores das páginas é um fator importante a ser considerado fenômeno político, pela capilaridade e capacidade de ressonância dos valores e das crenças compartilhados pelos perfis observados. Por exemplo, no início de 2021, o perfil de Mariana no Instagram tinha pouco mais de 25 mil seguidores, já no início de 2023, sua página passava de 180 mil seguidores. Fernando e Renato também apresentaram crescimento significativo, apenas José e o grupo do qual fazia parte tiveram queda de seguidores, em razão de desarticulação do coletivo no início de 2023. Mesmo após a derrota no pleito eleitoral, esses perfis ajustaram suas metas, permanecendo ativos e articulados no campo conservador, agora como opositores do governo, mas ascendendo tanto na mobilização de antigos apoiadores quanto como inspiração para novos engajadores. Esse feito mantém vivo o sentimento de pertencimento do grupo, reorganizando a identidade individual e coletiva para os novos interesses e cenários políticos, bem como para a mobilização da vontade de agir coletivamente.

Sobre as ações coletivas, ressalta-se que, para além das mobilizações virtuais, no que concerne aos atos de rua, a representatividade de homossexuais de direita ocorreu efetivamente somente em 2022, durante as campanhas eleitorais, com ações em apoio ao então candidato do campo conservador. Entretanto, as mobilizações virtuais foram sendo alimentadas por conteúdos produzidos ao longo de todas as manifestações, alcançando seu ápice na manifestação antes do primeiro turno das eleições, no dia 7 de setembro de 2022. Nesse dia, foi possível identificar esses personagens para além do ciberespaço, agindo politicamente e sendo reconhecidos por seus pares.

Por fim, chamo atenção para a importância de considerar o ineditismo do engajamento político de homossexuais de direita. Esses grupos se tornaram um fenômeno político que apresentou ascensão considerável, concomitante ao crescimento da extrema direita no Brasil. Embora os resultados de suas ações políticas sejam iniciais, os homossexuais de direita geraram, na dimensão social, ao menos duas transformações relevantes para a cena política brasileira. Para o campo conservador, foram absorvidos e agenciados como representantes de suas agendas. Já para o campo progressista, agem no questionamento de sua hegemonia, outrora ausente de opositores com perfis tão familiares.

A seguir, analiso os aspectos individuais dos perfis observados, visando explorar suas especificidades identitárias e afetivas como pilares que materializam o engajamento político de homossexuais de direita.

Perfis individuais e coletivos

As reflexões sobre os aspectos subjetivos na produção de sentidos que compõem a consciência política de homossexuais de direita debruçaram-se principalmente sobre as movimentações das entrevistas realizadas para pesquisa. Os relatos dos participantes apontaram sentimentos e emoções vivenciados na experiência do campo político. Além disso, as explanações esclarecem as disposições afetivas dos perfis acompanhados em compactuar com os valores e crenças societais e os interesses coletivos da direita, que edificam suas identidades individuais no nível grupal, produzindo sentimentos de pertença relevantes para mobilizar a ação coletiva.

Ressalta-se que a leitura dos aspectos subjetivos formadores da consciência política dos sujeitos da pesquisa perpassa pressupostos psicossociais, levando em conta que o desenvolvimento de suas individualidades é marcado pelos padrões normativos do meio social no qual estão inseridos. Para uma análise psicopolítica dos perfis individuais dos entrevistados, mergulhei nos elementos que expressam a capacidade de pensamento sobre os significados que produzem acerca da realidade que vivenciam e que determinam seus comportamentos políticos na sociedade (Sandoval, 2001).

De modo geral, todos os homossexuais de direita acompanhados nesta pesquisa apresentaram Valores e Crenças Societais alinhados com os compartilhados pelo campo conservador. Tanto no Instagram, nos relatos em fragmentos de reportagens, quanto nas entrevistas, os perfis expressavam defesa das agendas de costumes como antiaborto, combate à sexualização na infância, à ideologia de gênero, além das pautas econômicas ultraliberais (que sedimentam o conceito de liberdade para outros campos), pró-armamentismo e anticorrupção. A partir delas, articularam-se as materializações para as demais dimensões da consciência política.

A Identidade Coletiva e os Interesses Coletivos variaram de acordo com a trajetória política de cada perfil. Fernando relatou suas primeiras experiências no campo político associadas a uma reverberação da internet iniciada por um grupo do Facebook do qual fazia parte em 2014. Aqui é interessante associar tais experiências ao cenário político do período, principalmente no que concerne aos desdobramentos após as manifestações de junho de 2013, uma vez que, como assevera Ângela Alonso (2023), houve um crescimento exponencial da articulação da direita após os atos de 2013. Ainda que o fenômeno dos protestos daquele período seja debatido amplamente, a autora aponta para a ascensão de grupos de oposição ao governo, cujo alcance digital era significativo antes das manifestações, que eclodem no ciclo de manifestações de rua ocorridos em 2013. Fernando relatou ter sido convidado por políticos conservadores para participar das audiências públicas, em Brasília, sobre o Estatuto da Família, dado o alcance digital que o grupo do Facebook atingiu. Esse fato demonstra que sua ação política no âmbito individual foi potencializada pela plataforma digital, e a mobilização dos sentimentos para sua ação adveio, conforme ele mesmo diz na entrevista, *"dos seus princípios [...] que não se encaixavam com as ideias da esquerda"*.

Nesse sentido, o dilema entre "princípios" e "sexualidade" é um ponto de reflexão para a consciência política. Edificar a identidade individual a nível de coletividade necessita de pares que compartilhem os mesmos "princípios". Fernando encontrou caminhos digitais para expressar sua identidade política, porém ainda no âmbito individual. A potência de transformação para uma identidade coletiva se dá na produção de sentimentos de pertencimento e na formação de uma rede de solidariedade entre aqueles que partilham dos mesmos princípios. Quando o perfil virtual de Fernando foi reconhecido, abriu-se o caminho para gerar sentidos de pertencimento para os demais sujeitos que, como Fernando, tinham suas identidades políticas restritas a produções individuais.

Neste ponto, questiona-se: por que Fernando relatou não conhecer nada sobre política, se o estopim para seu comportamento político foi a dissonância entre seus princípios e os propagados pelo espectro da esquerda política?

Para responder a essa pergunta, é preciso considerar a importância dos afetos na organização da identidade e da consciência política, além de compreender alguns pressupostos para a participação política nos movimentos de gênero e sexualidade do campo progressista.

As influências do campo progressista nos movimentos de gênero e sexualidade são marcas incontestáveis até pelos próprios homossexuais de direita, bem como o reconhecimento dos louros conquistados pelas reivindicações e lutas políticas desses movimentos. Entretanto, o ressentimento e o rancor, frutos da experiência da inviabilidade de participação política por não se identificarem com o ideário compartilhado pelo campo progressista, foram sentimentos argumentados de forma unânime pelos perfis observados. Renato, por exemplo, é enfático quando afirma que o objetivo principal da atuação política de seu grupo é "fazer parte do debate", para assim questionar a hegemonia da esquerda em relação à homossexualidade e ao ideário de uma unilateralidade na identidade política de homossexuais.

Nesse sentido, salienta-se a potência dos afetos na construção da identidade política desses sujeitos, tanto para expressar individualmente seus descontentamentos sobre as pautas do campo progressista quanto para promover aproximações que edificam a identidade política dos homossexuais de direita no âmbito coletivo. Para os perfis entrevistados, os valores e as crenças que porventura venham a cercear as vivências de suas identidades sexuais não são um fator central a ser combatido. A relevância, para a construção de suas identidades políticas, está em outra cadeia de valores e crenças (no caso deles, as conservadoras), que são com frequência alvo de críticas por parte do campo progressista. Nunes (2022) aponta essa dissonância quando afirma que, para uma parcela significativa da população, a orientação política não é um fator relevante na constituição da identidade política. Para Fernando, o início da sua participação política não ocorreu como fruto de uma escolha entre direita e esquerda, mas ao observar as transformações sociais que poderiam ameaçar seus princípios (conservadores). Sendo assim, a experiência de acolhimento durante as vivências de ação política descrita pelos entrevistados, de modo geral, revela a potência dos afetos para edificar a identidade política, mobilizar sentimentos de pertencimento e incentivar os homossexuais de direita a agirem coletivamente, afastando suas sensações de desamparo diante de ameaças aos princípios conservadores.

Aqui, o sentimento em face de uma suposta transformação dos valores e das crenças conservadores é vivenciado como afeto mais potente para a ação política do que, por exemplo, a inviabilidade de expressarem suas identidades sexuais. Nesse sentido, o movimento mobilizado pelo campo da direita, no sentido de ampliar seus representantes, produziu novos lugares para os homossexuais de direita materializarem a localização de suas identidades políticas. A facilidade de produção de conteúdo e transmissão de informações pela internet tornou esse processo ágil, canalizando os afetos estagnados durante o tempo de ostracismo e desamparo desses sujeitos para a ação política individual e coletiva.

Ressalta-se que a experiência do desamparo foi de grande importância para o engajamento político de homossexuais de direita. Em todos os perfis acompanhados, observa-se que as primeiras tentativas para nomear e lidar com o desamparo se iniciam na ação política individual.

Porém, com o auxílio das plataformas digitais, a potência de ação individual se torna catalizadora, aproximando as narrativas de pessoas que se encontravam desamparadas. Esse processo é crucial para a formação da consciência política dos homossexuais de direita, pois percebem que o desamparo advém da repulsa daqueles que, supostamente, promoveriam seu acolhimento e os mobilizaria para a ação política por pertencerem ao mesmo segmento identitário.

Portanto, não há como refletir sobre as identidades políticas dos perfis observados se buscarmos generalizações, nascidas nos ideais progressistas, de uma pressuposta coerência entre identidade política e identidade sexual. Seria um equívoco falar de dissonância entre valores e crenças e a identidade política desde público, por seus valores e crenças serem conservadores. Sugiro que compreendamos esse fenômeno como uma expressão contemporânea do conservadorismo e da extrema direita. As mudanças culturais sobre gênero e sexualidade foram absorvidas por esse campo político, culminando na abertura de agenda para tais temáticas, mas sem assumirem um protagonismo expressivo. Os valores e as crenças em evidência permanecem fiéis ao conservadorismo, porém atualizados com os ajustes necessários para que novos atores possam representá-los.

Os depoimentos de José e do grupo do qual fazia parte são pontos de reflexão pertinentes sobre este aspecto. Por exemplo, eles comentaram ser contra o direcionamento de recursos para a Parada do Orgulho — organizada tradicionalmente pelos movimentos políticos de gênero e sexualidade do campo progressista — na região onde moram, argumentando que esses valores deveriam ser repassados para o setor da saúde pública. A reivindicação apresentada tem dupla funcionalidade: o enfrentamento e o combate à ascensão social de identidades sexuais não-hegemônicas (pois deslegitima uma ação pública que tem por objetivo visibilizar pautas dessa população) e, indiretamente, a manutenção da hegemonia da heterossexualidade como identidade sexual.

O exemplo anterior auxilia no entendimento do modo como as afetações sobre a cadeia de valores e crenças dos perfis acompanhados são absorvidas por eles para se transformar em ação política. A potência de ação não se localiza na identidade sexual, mas na dimensão de princípios que flertam com o conservadorismo e, por vezes, com o autoritarismo. Sobre esse último, é importante salientar a oscilação de sentimentos, que ora demonstram aproximação com comportamentos autoritários, ora se afastam deles. Em diversos momentos das entrevistas evidenciou-se que, quanto mais se mobilizam os afetos para uma percepção de que os valores e crenças estão em risco, mais se legitima a radicalidade nas ações políticas para sua defesa.

Nesse sentido, pânico e medo são sentimentos altamente explorados, sem necessidade de checagem das informações que os propulsiona, pois isso diminuiria sua potência para a ação política, mudando a expressão da consciência política. Como exemplo dessa variação, temos o relato de José, em que ele afirma estar pronto para morrer lutando pelo país (quando menciona sua participação em uma das manifestações do dia 7 de setembro) e as argumentações de Renato sobre as influências da esquerda no debate de gênero e sexualidade, que, segundo ele, se trata de um plano global de dominação política do campo progressista. Ambas as argumentações são fundadas em ideias que mobilizam o medo, dando aval à busca constante de proteção da condição humana (Bento, 2018). A potência do pânico e do medo habilita as ações políticas reacionárias para proteger e conservar os valores e crenças de possíveis transformações que possam afetá-los.

Cabe ressaltar, aqui, que é justamente a experiência do desamparo que abre um campo fértil para o medo e o pânico. A impossibilidade de vivenciar a participação política no âmbito da identidade sexual (por conta da dominância do campo progressista) mistura-se com outras falências de representatividade que se camuflam no bojo das transformações sociais. A normatização das condições de consumo, o punitivismo, a concorrência e o individualismo enquadram a condição de desamparo, produzindo afetos com sentidos limitados para manter esta condição. Nunes (2022) afirma que tal situação resulta em sentimentos difusos, em que os sujeitos têm a sensação de que as coisas não podem ser de outro modo, mas que pedem por mudança. Essa indefinição gera o desamparo, que abre um terreno fértil para a atuação e a propagação de sentimentos como medo e insegurança, ainda que, segundo Vladimir Pinheiro Safatle (2015), o desamparo seja um fenômeno potente para gerar novos repertórios no desenvolvimento da subjetividade humana. Entretanto, a experiência do desamparo permeada pelo medo é o que edifica a potência de ação para os homossexuais de direita entrevistados construírem suas identidades políticas, individuais e coletivas, mobilizando para o agir coletivo.

É preciso, por conseguinte, atentar para o fato de que a formação e a expressão da consciência política de homossexuais de direita têm raízes na experiência do desamparo e da dissonância para com os valores e crenças construídos e atribuídos hegemonicamente pelo campo progressista para suas identidades políticas. No entanto, equivocam-se as abordagens que atribuem, por conta dessas raízes, uma suposta "ausência" de consciência e articulação política coletiva por parte desta população. A seguir, aprofundo as reflexões sobre os formatos das ações coletivas que caracterizam a militância dos homossexuais de direita.

A militância

Entendo que pensar na articulação política de homossexuais de direita requer as reflexões trazidas nos tópicos anteriores, porque é preciso antes ampliar os olhares sobre o fenômeno, localizando-o na arena política contemporânea, bem como apontar a legitimidade dos comportamentos políticos e da consciência política dos perfis individuais acompanhados durante a pesquisa.

Inicialmente, saliento a importância de reconhecer a existência de um trabalho de militância por parte dos sujeitos e grupos acompanhados ao longo da pesquisa. Durante a pesquisa de campo, identifiquei que o termo militância, como substantivo e/ou verbo, era utilizado em referência ao trabalho político em ambos os espectros políticos. Seja pelo reconhecimento da importância na atuação política de homossexuais conservadores pela militância da direita, seja na definição do inimigo ameaçador que precisa ser combatido (militância da esquerda), essa palavra fez parte do vocabulário dos perfis acompanhados servindo como conectivo para boa parte dos elementos que compõem a consciência política desses sujeitos.

Com isso mente, proponho pensar numa linha do tempo do trabalho de militância dos homossexuais de direita que apresenta duas partes: individual e coletiva. Os relatos de Renato e Fernando expressam bem a fase individual. Nas duas trajetórias, esses sujeitos contam sobre "incômodos solitários" que os mobilizaram a edificar e a expressar seus valores e crenças, materializando suas identidades políticas por meio da internet. Facilitados pelos mecanismos das plataformas digitais, suas ideias reverberaram e mobilizaram outros sujeitos com elas identificados. A partir daí, pode-se evidenciar o trabalho de militância tradicional apresentado por Monclar Eduardo Goes de Lima Valverde (1986), Luís Cláudio Figueiredo (1993) e André Luis Leite de Figueirêdo Sales (2021), com estratégias operacionais e táticas tanto para multiplicação de apoiadores quanto de combate às ameaças que pudessem minar a existência da identidade política. Além disso, essa identidade política deixou de ser referenciada somente no âmbito individual, materializando-se nos grupos de militância de homossexuais de direita acompanhados durante a pesquisa.

Outro ponto relevante trata da articulação dos afetos para gerar engajamento coletivo. Na última manifestação em que estive presente, Fernando foi referido por um locutor do carro de som onde estava durante o ato. Em seu discurso, o locutor falou para os ouvintes refletirem sobre como a esquerda instiga uma suposta discórdia entre as pessoas na sociedade a partir da afirmação das diferenças. Aqui, é interessante observar a mobilização das emoções desses apoiadores, que ocasionalmente possam ter se sentido injustiçados em alguma situação social na qual foram chamados de homofóbicos, por exemplo. A presença de Fernando, um homem gay, sacramentava nesses ouvintes o sentimento de injustiça que sedimenta esse ressentimento, similar ao que afirma Max Scheler (2007) sobre a inversão de valores no homem comum. Após sua fala, Fernando e o locutor foram ovacionados pelo público.

Na situação apresentada, o ato público que reconhece os homossexuais de direita como parceiros na militância política de direita abriu um campo promissor para o engajamento coletivo desse público. No mesmo evento, Renato fez uma fala de pouco mais de dois minutos de duração em nome do grupo do qual faz parte, apresentando aos ouvintes todas as pautas do coletivo, fielmente alinhadas com as crenças e os valores do campo conservador. Sua aparição pública transformou-se em conteúdo para alimentar seus perfis e de outros influenciadores nas plataformas digitais. Nessa cena, evidenciou-se a eficácia política de propagar a identidade política de homossexuais de direita ocupando lugares e construindo narrativas antes inexistentes ou pouco expressivas no campo da direita política.

Uma das características que delineia a militância política de homossexuais de direita tangencia o combate a uma identidade política de homossexuais cristalizada pelo campo progressista. Em diversos momentos das observações, os perfis acompanhados referiram o falecido deputado Clodovil como uma figura política que os representava, dada as suas características: um homem gay que valorizava a discrição da sua sexualidade e a defesa do conservadorismo. Paira, portanto, a nostalgia de um passado idealizado, como afirma Suely Rolnik (2014) sobre a subjetividade militante, em que as vivências da homossexualidade se restringiam ao âmbito privado, num período em que elas não ameaçavam os valores heteronormativos na esfera pública e seus costumes.

Além disso, majoritariamente, os perfis acompanhados enalteceram atributos de uma masculinidade hegemônica para localizar sua atuação política. Mesmo Mariana, uma mulher cisgênero, lésbica e de direita, tem parte da sua referência e respeitabilidade por parte dos seus pares, no trabalho político institucional e de militância, atrelada aos atributos de masculinidade expressos por ela em sua identidade sexual. Questiona-se: caso ela não expressasse tais características, seu reconhecimento como lésbica de direita seria o mesmo no campo conservador? Aqui, sugere-se que a expressão e a defesa da masculinidade hegemônica sejam um fator crucial para viabilizar a participação política de homossexuais de direita. Portanto, não é uma coincidência que a maioria dos perfis de homossexuais de direita se autodeclarem homens, gays, cisgêneros e explorem esse valor na atuação militante. Tal como definem Robert W. Connell e James W. Messerschmidt (2013) sobre masculinidade hegemônica, ela se expressa nas identidades desses sujeitos e é defendida como valor.

Passando para os aspectos operacionais que organizam o trabalho de militância dos homossexuais de direita, observa-se que a articulação de ações coletivas, dentro e fora das plataformas digitais, é uma forma de estimular a participação política dos seguidores, ampliando a disponibilidade afetiva para as experiências da militância. No ambiente digital, foi possível constatar uma infinidade de interações por meio de postagens de vídeos e imagens, *lives*, comentários, sempre abordando as características da identidade política de homossexuais de direita, as quais, por vezes, parecem ser repetitivas para quem acompanha à distância. Entretanto, conforme Figueiredo (1993) observa, o trabalho de militância envolve uma rotina de ações cotidianas que reforcem seus princípios e ideias. Isso explica, por exemplo, a identificação de diversas postagens repetidas ou muito parecidas esteticamente, em alguns perfis acompanhados.

Ressalta-se ainda que essas interações entre os seguidores, ainda que no ambiente virtual, mobilizaram o sentimento de pertença, bem como uma rede de solidariedade e apoio entre seus pares. Como efeito, alargou-se a disponibilidade afetiva desses sujeitos para a participação política para além das plataformas digitais, e viabilizaram-se novos personagens para compor as atividades de articulação políticas do trabalho de militância dos homossexuais de direita.

Cabe salientar a conjuntura política em que a ascendência da militância de homossexuais de direita acontece. Renato comentou que o grupo Gays com Bolsonaro se espelhou na experiência do grupo Gays for Trump. José, por sua vez, era um ex-integrante do grupo de Renato, que se juntou a outros dissidentes para a formação de outro grupo de gays de direita. Todos esses grupos começaram a surgir num momento de forte crescimento e valorização do campo da direita e extrema direita, tanto no Brasil como em outros países. A vitória do pleito eleitoral de 2018 pelo candidato do campo conservador pavimentou a possibilidade de ascendência e visibilidade política desses grupos. Durante as observações e entrevistas, todos expressaram proximidade com políticos de direita, seja prestando serviços a políticos institucionais no assessoramento sobre temáticas de gênero e sexualidade, como mencionado por Renato, seja em eventos públicos em que registraram fotos e vídeos ao lado de personalidades conhecidas do campo político conservador, que servem de conteúdo para alimentar seus perfis no ambiente virtual.

O âmbito da política institucional também se mostrou um importante espaço de disputa para homossexuais de direita. Fernando e Mariana foram os únicos sujeitos da pesquisa que apresentaram experiências nesse campo, mas Renato e José também expressaram a relevância de ocupar cargos públicos para a representatividade e a articulação da militância de seus grupos. Sugere-se que a ascensão institucional da direita, sacramentada nas eleições de 2018, deu materialidade para esses objetivos dos homossexuais de direita com a construção da candidatura de Renato e Mariana nas eleições municipais de 2020. Porém, diferentemente de outros políticos homossexuais de direita, ambos autodeclararam suas orientações sexuais durante a campanha, concomitantemente ao trabalho de militância em defesa da agenda conservadora.

Outro ponto importante a ressaltar é o encerramento das atividades coletivas de um dos grupos acompanhados: o Gays de Direita Brasil. O grupo foi ativo durante um ano e meio, divulgando eventos de grande porte (que nunca aconteceram), cresceu significativamente ao longo desse tempo, e, após a derrota na reeleição do candidato conservador em 2022, o grupo finalizou suas atividades. A entrevista realizada com José e outros membros do grupo, em 2021, ocorreu no início da ascendência do coletivo. Na época, José relatou que o grupo tinha por volta de 80 filiados que articulavam suas ações coletivas num grupo de WhatsApp. Um ano depois, Fernando pediu para que fosse colocada como adendo na entrevista concedida por ele sua desfiliação do Gays de Direita Brasil, sem dar maiores detalhes sobre o que ocasionou sua saída, apenas dizendo que ocorreram condutas que alheias aos seus princípios.

Nessa situação, notam-se as idas e vindas da construção do trabalho de militância destes grupos, bem como as mudanças de tática e estratégia com o passar do tempo. Como afirmam James Jasper (2006) e André Luis Leite de Figueirêdo Sales (2021), é preciso compreender as articulações estratégicas das ações coletivas levando em conta tanto aspectos contextuais quanto modos de sentir, pensar e agir dos sujeitos que compõem o coletivo. José e Renato argumentaram que um dos objetivos principais de seus grupos era combater a volta da esquerda para o governo. No entanto, o nome do grupo Gays com Bolsonaro se manteve até o término das eleições. Já o grupo Gays de Direita Brasil optou por não utilizar o sobrenome do candidato conservador como referência. José argumentou sobre isso durante a entrevista, dizendo que, no futuro, o atual presidente poderia não estar mais presente na política institucional. Embora tivessem objetivos iguais, os grupos optaram por estratégias de ação diferentes e com resultados diferentes. Até o final deste livro, o grupo de José permanecia com suas atividades encerradas, e o grupo de Renato havia mudado seu nome para Gays Conservadores do Brasil. Portanto, os sujeitos de cada grupo tomaram decisões para agir coletivamente conforme análises da conjuntura política brasileira, mas também balizados por aspectos singulares como disponibilidade material e afetiva que impactaram a continuidade e manutenção do trabalho de militância dos respectivos grupos.

O fenômeno do engajamento político de homossexuais de direita nos convoca a olhar interseccionalmente para suas nuances individuais e coletivas. Conforme ressaltado nesta análise, sua ascensão ganhou proporções significativas nos últimos anos, as quais refletiram diretamente na complexidade de suas táticas e estratégias de ação política. Deriva daí que o reconhecimento e a visibilidade destas personagens e seus grupos ocuparam lugares tanto de *referência* no campo político conservador, trazendo novos representantes para defesa da agenda política da direita e extrema direita do país, quanto de *resistência* diante de uma narrativa sobre identidade política tida como hegemônica pelo campo político progressista, cujas ressonâncias seguem sendo pouco ou quase nada exploradas por esse mesmo campo.

ALGUMAS REFLEXÕES

Durante os primeiros movimentos para esboçar estas considerações, deparei-me com a seguinte reportagem: "Jean Wyllys chama Eduardo Leite de 'gay com homofobia' e governador rebate: 'deprimente'" (Panho, 2023). Os desdobramentos da situação culminaram em uma representação endereçada ao Ministério Público por parte de Eduardo Leite contra Jean Willys por homofobia (Guerra, 2023) e o pedido da entidade para que Jean Willys retirasse das suas redes sociais a postagem em que chamou o governador do Rio Grande do Sul de "gay com homofobia internalizada" (Santos, 2023).

Jean Willys, um homem cisgênero homossexual, é uma figura política conhecida do campo progressista. Em suas redes sociais, ele se valeu, pejorativamente, do termo "gay homofóbico" para depreciar a identidade política de Eduardo Leite, um homem cisgênero homossexual e atual governador do Rio Grande do Sul, diante da sua decisão em manter o modelo de escolas cívico-militares no Estado. Nessa cena, considero importante salientar o uso da identidade sexual (gay) como parte da tentativa de desqualificar a identidade do governador. De modo geral, a relação entre homossexualidade e homofobia, numa mesma identidade política, é uma combinação considerada nefasta (e quase inexistente) pelo campo progressista. Por outro lado, o uso pejorativo da orientação sexual para menosprezar a identidade política do adversário, ainda que combinada com a homofobia, revela uma inabilidade do representante político do campo progressista em perceber a variedade de posições nas identidades políticas de homossexuais, abrindo espaço para perigosas interpretações de que gays homofóbicos supostamente seriam desequilibrados, ou até perversos, por motivo de homofobia internalizada. Ao mesmo tempo, demonstra indiferença, nos seus comentários, em relação a outros governadores heterossexuais que tiveram a mesma conduta política de Eduardo Leite em relação à manutenção das escolas cívico-militares.

Ler a primeira reportagem e os desdobramentos do confronto entre Jean Willys e Eduardo Leite remeteu-me aos relatos dos perfis acompanhados nesta pesquisa. Uma das frases mais impactantes que escutei, e que reverberou em minhas reflexões, foi: "Queremos fazer parte do debate!", dita por Renato durante sua entrevista. Um olhar superficial compreenderia que tal afirmação remete somente ao desejo de participar politicamente da construção e do reconhecimento da identidade política de homossexuais. Entretanto, o uso do modelo de consciência política possibilitou observar o fenômeno de formação e expressão da consciência política desses sujeitos de diversos prismas. Assim, por meio das dimensões Crenças e Valores Societais e Identidade Coletiva, foi possível entender os elementos da consciência política que têm aderência no campo conservador contemporâneo no país.

De maneira geral, os sujeitos e grupos estudados fazem parte dos personagens políticos que tiveram ascensão e visibilidade considerável na experiência do governo do então presidente Jair Messias Bolsonaro, entre os anos de 2018 e 2022. O movimento social conhecido como "bolsonarismo" é representado por grupos e indivíduos que se identificam dentro do espectro político da "extrema direita" brasileira atual. Porém, há uma ampla diversidade de comportamentos políticos vinculados a essa agenda que nem sempre são consensuais.

Nesse sentido, as crenças e os valores que circundam a identidade política de homossexuais de direita variam e apresentam ambivalências quando comparadas entre elas. Temáticas, como "padrões de família", geraram argumentos controversos e muitas vezes dissonantes, já que todos os perfis acompanhados afirmavam publicamente suas orientações sexuais e suas relações homoafetivas. Entretanto, isso não dificultava as articulações políticas nem afastava os apoiadores do campo político da direita. Pelo contrário, era legitimado e reconhecido por eles de maneira positiva e pública. Portanto, constatou-se uma mudança significativa na agenda conservadora brasileira para agregar os homossexuais de direita como apoiadores e representantes de suas pautas. Ainda que possa haver limitações, a presença desses sujeitos e grupos transformou a identidade política da direita brasileira com novos personagens políticos, legitimando seus discursos e propostas para fazerem "parte do debate político".

Os sentimentos em relação aos adversários dos homossexuais de direita têm personagens claros e familiares. A partir do combate aos movimentos de gênero e sexualidade encabeçados pelo campo progressista, os homossexuais de direita disputam a identidade política desse público constituída e conquistada hegemonicamente pelo espectro da esquerda ao longo das últimas décadas. Entretanto, ainda paira certa indiferença por parte do campo progressista no reconhecimento e na compreensão da potência de ação de sujeitos e grupos de homossexuais de direita na arena política. A suposta hegemonia na identidade política de homossexuais é uma ideia falaciosa e superficial, limitando a constatação de transformações e atenção às dinâmicas psicossociais relevantes na formação e expressão da consciência política.

As dimensões do modelo que abordam os modos de operacionalizar táticas e ações políticas dos homossexuais de direita, bem como a eficácia de seus resultados, fomentaram ideias preconceituosas sobre a capacidade de articulação política dessa população. Do engajamento e mobilização nas plataformas digitais, passando pela atuação em cargos político-institucionais, até as participações em manifestações de rua, sujeitos e grupos de homossexuais de direita vêm demonstrando seus comportamentos políticos de maneira articulada e coletiva.

Outro ponto importante a se refletir são os aspectos da consciência política de homossexuais de direita que expressam ideias e comportamentos antidemocráticos. A radicalidade nos pensamentos e ações políticas no campo conservador brasileiro se materializaram e intensificaram nos últimos anos, portanto seus representantes ajustaram as narrativas para se enquadrar numa arena política que convoca à polarização e radicalização como *modus operandi* para a participação política. Vale notar que, quando os extremistas ganham espaço na política, tendem a adotar uma retórica violenta e incentivam seus seguidores a agirem de forma agressiva contra seus oponentes. Isso pode levar a um aumento da violência política, com agressões físicas, ameaças e intimidações se tornando cada vez mais comuns (Hur; Sabucedo, 2020).

Mesmo os perfis acompanhados sendo menos radicais, se comparados a outros personagens políticos da extrema direita atual, os flertes com ideias autoritárias apareciam em meio aos argumentos sobre o conceito de liberdade restrito à lógica econômica. Ainda assim, generalizar todos os comportamentos políticos dos perfis acompanhados como extremistas inviabilizaria uma análise mais profunda sobre suas consciências políticas, impossibilitando acompanhar as transformações e nuances da dinâmica que envolve a formação e expressão da consciência política de homossexuais de direita, individual e coletivamente. Para além de somente impedir comportamentos políticos autoritários, acredito que identificar os comportamentos políticos fora da zona de extremismo e atuar estrategicamente sobre eles é um dos caminhos possíveis para limitar os impactos nos processos democráticos na arena política atual.

Porém, vale lembrar que os comportamentos autoritários não são exclusividade de um lado do espectro político e que o autoritarismo é um recurso historicamente eficaz para executar ideias políticas radicalizadas. Segundo Adorno (2019), a agressão àqueles que não se adequam ao convencionalismo é uma das características identificadas no perfil autoritário. Todos os perfis acompanhados durante a pesquisa depreciavam o que nomeavam de ideologia de gênero propagada pela esquerda, convencionando que as ideias de padrões de gênero e sexualidade heteronormativas são intocáveis e imutáveis. Assim, quando Jean Willys deprecia Eduardo Leite usando o argumento de uma suposta incongruência entre orientação sexual e comportamento político, ele se baseia num convencionalismo sobre a identidade política de homossexuais.

Nesse sentido, é preciso repensar as estratégias de militância que se ancoram exclusivamente em comportamentos autoritários pela sua eficiência em produzir transformações rápidas no cenário político. Faz parte da dinâmica do jogo democrático identificar adversários, e não inimigos a serem abatidos. Como afirma Charles Tilly (1997), a "democracia é um lago". Sua formação e execução depende de afluentes, profundidade, e outros elementos que influenciam na sua existência. Um engajamento político que se constrói limitado a ações autoritárias flerta com extremismos políticos e enrijece a dinâmica de transformação de crenças e valores sociais, criando empecilhos ao processo democrático. Sendo assim, é importante pensar como as táticas de radicalização podem gerar ações políticas significativas sem uso de comportamentos autoritários.

Por fim, creio ser importante chamar atenção sobre essas questões, dada a escassez de estudos sobre grupos identitários conservadores. A articulação política de homossexuais de direita como um fenômeno social rompe com os paradigmas predefinidos sobre a identidade política dessa população e, ao mesmo tempo, revela que os indivíduos e grupos analisados são personagens importantes que compõem o campo da direita e da extrema direita brasileira atualmente. Negar sua potência de ação e capacidade de articulação política é um equívoco, tendo em vista a persistência da ameaça de esfacelamento dos processos democráticos do país, mas também no mundo.

REFERÊNCIAS

ADORNO, T. W. [1950]. **Estudos sobre a personalidade autoritária**. São Paulo: Ed. da Unesp, 2019.

ALMEIDA, S. L. **Racismo estrutural**. São Paulo: Pólen, 2019.

ALONSO, A. **Treze**: a política das ruas de Lula e Dilma. São Paulo: Companhia das Letras, 2023.

ARAGUSUKU, H. A. O percurso histórico da "ideologia de gênero" na Câmara dos Deputados: uma renovação das direitas nas políticas sexuais. **Agenda Política**, São Carlos, v. 8, n. 1, p. 106-130, 2022. DOI: 10.31990/10.31990/. Disponível em: https://www.agendapolitica.ufscar.br/index.php/agendapolitica/article/view/310. Acesso em: 4 out. 2021.

BALTAZAR, B. Os encontros e desencontros da militância e da vida cotidiana. Psicologia: **Teoria e Pesquisa**, [s. l.], v. 20, p. 183-190, 2004.

BENTO, B. Necrobiopoder: quem pode habitar o Estado-nação? **Cadernos Pagu**, Campinas, n. 53, 2018. DOI: https://doi.org/10.1590/18094449201800530005. Acesso em: 4 jul. 2023.

BENTO, B. Transfeminicídio: violência de gênero e o gênero da violência. *In*: COLLING, L. **Dissidências sexuais e de gênero**. Salvador: EdUFBA, 2016. p. 43-68.

BORDIN, J. G. V. **Três décadas da nova direita radical na Europa Ocidental**: uma revisão da literatura. 2016. Dissertação (Mestrado em Sociologia Política) – Universidade Federal de Santa Catarina, Florianópolis, 2016.

BUTLER, Judith. **Vida Precaria:** El poder del duelo y la violencia. Buenos Aires, Paidós, 2006.

CESARINO, L. Como vencer uma eleição sem sair de casa: a ascensão do populismo digital no Brasil. **Internet & Sociedade**, São Paulo, v. 1, n. 1, p. 91-120, fev. 2020.

CESARINO, L. **O mundo do avesso**: verdade e política na era digital. São Paulo: Ubu, 2022.

CIULLA, J. B. Leadership and the power of resentment/ressentiment. **Leadership**, [s. l.], v. 16, n. 1, p. 25-38, 2020. DOI: https://doi.org/10.1177/1742715019885772.

CONNELL, R. W. **Masculinities**: knowledge, power and social change. Berkeley: University of California Press, 1995.

CONNELL, R. W.; MESSERSCHMIDT, J. W. Masculinidade hegemônica: repensando o conceito. **Estudos Feministas**, Florianópolis, v. 21, n. 1, p. 241-282, abr. 2013.

COOPER, M. **Family values**: between neoliberalism and the new social conservatism. New York: Zone Books, 2017.

DELEUZE, G.; GUATTARI, F. **Mil platôs**: capitalismo e esquizofrenia. Tradução de NETO, A. G.; COSTA, C. P. Rio de Janeiro: Editora 34, 1995. v. 1.

ENGELS, J. **The politics of resentment**: a genealogy. Pennsylvania: Penn State University Press, 2015.

ESPINOSA, B. **Ética**. Tradução de Thomaz Tadeu. Belo Horizonte: Autêntica, 2008.

FIGUEIREDO, L. C. M. A militância como modo de vida: um capítulo na história dos (maus) costumes contemporâneos. **Cadernos de Subjetividade**, São Paulo, v. 1, n. 2, p. 205-216, 1993.

FREUD, S. [1913]. Totem e tabu. Tradução de Jayme Salomão. *In*: FREUD, S. **Edição Standard Brasileira das obras psicológicas completas de Sigmund Freud**. Rio de Janeiro: Imago, 1996.

FREUD, S. [1922]. Psicologia de grupo e análise do ego. Tradução de Jayme Salomão. *In*: FREUD, S. **Edição Standard Brasileira das obras psicológicas completas de Sigmund Freud**. Rio de Janeiro: Imago, 1996.

FREUD, S. [1930]. Mal-estar na civilização. Tradução de Jayme Salomão. *In*: FREUD, S. **Edição Standard Brasileira das obras psicológicas completas de Sigmund Freud**. Rio de Janeiro: Imago, 1996.

FROMM, E. **Medo da liberdade**. 14. ed. São Paulo: Zahar Editores, 1983.

GANZ, M. Resources and Resourcefulness: Strategic Capacity in the Unionization of California Agriculture, 1959-1966. **American Journal of Sociology**, [*s. l.*], v. 105, n. 4, p. 1003-1062, 2000.

GIROTTO NETO, Â. **A onda conservadora e as eleições de 2018 no Brasil**. 2020. Tese (Doutorado em Ciências Sociais) – Universidade Federal do Rio Grande do Norte, Rio Grande do Norte, 2020.

GRUPPI, L. **O conceito de hegemonia em Gramsci**. Tradução de Carlos Nelson Coutinho. Rio de Janeiro: Graal, 1978.

GUERRA, Rayanderson. Eduardo Leite apresenta representação ao Ministério Público contra Jean Wyllys por homofobia. **Estado de São Paulo**, São Paulo, 20 jul. 2023. Disponível em: https://www.estadao.com.br/politica/governador-rio-grande-do-sul-eduardo-leite-representacao-ministerio-publico-jean--wyllys-homofobia-nprp/.

HARDT, M. A sociedade mundial de controle. *In*: ALLIEZ, É. **Gilles Deleuze**: uma vida filosófica. São Paulo: Ed. 34, 2000.

HOLANDA, S. B. **Raízes do Brasil**. 6. ed. Rio de Janeiro: José Olympio, 1971.

HOUAISS, A. **Dicionário eletrônico Houaiss da língua portuguesa**. Rio de Janeiro: Objetiva, 2009.

HUR, D. U.; SABUCEDO, J. M. **Psicologia dos extremismos políticos**. São Paulo: Vozes, 2020.

JASPER, J. M. A strategic approach to collective action: looking for agency in social movement choices. **Mobilization: An International Quarterly**, [*s. l.*], v. 9, n. 1, p. 1-16, 2004.

JASPER, J. M. **Getting your way**: strategic dilemmas in the real world. Chicago: University of Chicago Press, 2006.

JASPER, J. M. Emotions, sociology, and protest. *In*: JASPER, J. M. **Collective emotions**: perspectives from psychology, philosophy, and sociology. Oxford: Oxford University, 2014. DOI: 10.1093/acprof:oso/9780199659180.003.0023. Acesso em: 14 set. 2022.

JASPER, J. The doors that culture opened: parallels between social movement studies and social psychology. **Group Processes & Intergroup Relations**, [*s. l.*], v. 20, n. 3, p. 285-302, 2017.

JUNQUEIRA, R. D. A invenção da "ideologia de gênero": a emergência de um cenário político-discursivo e a elaboração de uma retórica reacionária antigênero. **Psicologia Política**, São Paulo, v. 18, n. 43, p. 449-502, dez. 2018.

KEHL, M. R. Ressentimento. **A Terra é Redonda**, [*s. l.*], 28 jul. 2020. Disponível em: https://aterraeredonda.com.br/ressentimento-2/. Acesso em: 18 dez. 2022.

LACERDA, M. B. **O conservadorismo no Brasil**: de Reagan a Bolsonaro. Porto Alegre: Editora Zouk, 2019.

LATOUR, Bruno. **Reagregando o Social:** uma introdução à teoria do ator-rede. Salvador-Bauru: EDUFBA-EDUSC, 2012.

LYNCH, C.; CASSIMIRO, P. H. **O populismo reacionário**: ascensão e legado do bolsonarismo. São Paulo: Contracorrente, 2022.

MACEDO, E. A.; SILVA, A. J. Militante trotskista: o dissidente por definição. *In*: CONGRESSO INTERNACIONAL DE HISTÓRIA, 4., 2009, Maringá. **Anais [...]**. Maringá: Universidade Estadual de Maringá, 2009. p. 377-387. Disponível em: https://tinyurl.com/y6e2xzls. Acesso em: 22 ago. 2022.

MACRAE, E. Identidades homossexuais e movimentos sociais urbanos no Brasil da "Abertura". *In*: GREEN, J. *et al.* (org.). **História do movimento LGBT no Brasil**. São Paulo: Alameda, 2018. p. 17-62.

MATTOS, Amana Rocha. Discursos ultraconservadores e o truque da "ideologia de gênero": gênero e sexualidades em disputa na educação. **Psicologia Política**, São Paulo, v. 18, n. 43, p. 573-586, dez. 2018.

MCNAY, L. **Against recognition**. Cambridge: Polity Press, 2008.

MCCOY, J.; SOMER, M. A crise dos partidos tradicionais: superando a polarização. Tradução Fabio Storino. **Journal of Democracy**, Brasil, v. 10, n. 1, maio 2021. Disponível em: https://medium.com/funda%C3%A7%C3%A3o-fhc/a-crise-dos--partidos-tradicionais-superando-a-polariza%C3%A7%C3%A3o-5496fc0d7fc3. Acesso em: 20 nov. 2021.

MERCADANTE, P. **A consciência conservadora no Brasil**. 4. ed. rev. e aum. São Paulo: Topbooks, 2003.

MOREIRA ALVIM, D.; RIZZI MAÇÃO, I. Destituição viral e legitimação maquínica: polarização e vírus na esfera política brasileira. **Lugar Comum** – Estudos de mídia, cultura e democracia, Rio de Janeiro, v. 1, ed. 58, p. 85-109, 22 ago. 2020. Disponível em: https://revistas.ufrj.br/index.php/lc/article/view/40277/21943. Acesso em: 20 nov. 2021.

NOBRE, M. **Limites da democracia**: de junho de 2013 ao governo Bolsonaro. São Paulo: Todavia, 2022.

NIETZSCHE, F. **Genealogia da moral**: uma polêmica. Tradução de Paulo César de Souza. São Paulo: Companhia das Letras, 1998.

NUNES, R. **Do transe à vertigem**: ensaios sobre o bolsonarismo e um mundo em transição. São Paulo: Ubu, 2022.

PANHO, Isabella Alonso. Jean Wyllys chama Eduardo Leite de "gay com homofobia" e governador rebate: "deprimente". **Estado de São Paulo**, São Paulo, 14 jul. 2023. Disponível em: https://www.estadao.com.br/politica/jean-wyllys-e-duardo-leite-discussao-twitter-gay-homofobia-deprimente-nprp/governador--eduardo-leite-homofobia-nprp/. Acesso em: 1 ago. 2023.

PATEMAN, C. **The sexual contract**. Stanford: Stanford University, 1988.

PRADO, M. A. M.; CORREA, S. Retratos transnacionais e nacionais das cruzadas antigênero. **Psicologia Política**, São Paulo, v. 18, n. 43, p. 444-448, dez. 2018.

RECUERO, R.; ZAGO, G.; SOARES, F. Mídia social e filtros-bolha nas conversações políticas no Twitter. **E-Compós**, São Paulo, v. 24, jun. 2021.

REICH, Wilhelm. **Psicologia de massas do fascismo**. Tradução de Maria da Graça M. Macedo. 3. ed. São Paulo: Martins Fontes, 2001.

ROLNIK, S. **Cartografia sentimental.** Transformações contemporâneas do desejo. São Paulo: Estação Liberdade, 2014.

SAFATLE, W. **O circuito dos afetos**: corpos políticos, desamparo e o fim do indivíduo. 2. ed. Belo Horizonte: Autêntica, 2015.

SALES, A. L. L. F.; FONTES, F. F.; YASUI, S. Para (re)colocar um problema: a militância em questão. **Trends in Psychology**, [*s. l.*], v. 26, n. 2, p. 565-592, 2018. Disponível em: https://doi.org/10.9788/TP2018.2-02Pt. Acesso em: 8 out. 2022

SALES, A. L. L. F. **Militância e ativismo**. cinco ensaios sobre ação coletiva e subjetividade. São Paulo: Cultura Acadêmica Digital, 2021.

SALES, A. L. L. F; SALGADO, F. M. M.; ARAGUSUKU, H. A. As dimensões da consciência política em estudos qualitativos: distintos usos do modelo da consciência política ao longo do tempo. **Revista de Psicologia Política**. No prelo.

SANDOVAL, S. A. M. Considerações sobre aspectos micro-sociais na análise dos movimentos sociais. **Psicologia & Sociedade**, Belo Horizonte, v. 4, n. 7, p. 61-72, 1989.

SANDOVAL, S. A. M. Algumas reflexões sobre cidadania e formação de consciência política no Brasil. *In:* SPINK, Mary J. (org.). **A cidadania em construção:** uma reflexão transdiciplinar. São Paulo: Cortez, 1994. p. 59-74.

SANDOVAL, S. A. M. O comportamento político como campo interdisciplinar de conhecimento: a reaproximação da Sociologia e da Psicologia Social. *In:* CAMINO, L.; LHULLIER, L.; SANDOVAL, S. (org.). **Estudos sobre comportamento político:** teoria e pesquisa. Florianópolis: Letras Contemporâneas, 1997. p. 13-23.

SANDOVAL, S. A. M. The crisis of the Brazilian labor movement and the emergence of alternative forms of working-class contention in the 1990s. **Psicologia Política**, São Paulo, v. 1, n. 1, p. 173-195, jan. 2001.

SANDOVAL, S. A. M. Emoções nos movimentos sociais. *In*: ENCONTRO NACIONAL DA ASSOCIAÇÃO BRASILEIRA DE PSICOLOGIA SOCIAL, 13., Belo Horizonte. **Anais** […]. São Paulo: ABPS, 2005.

SANDOVAL, S. A. M.; DANTAS, B. S. A.; ANSARA, S. Considerações históricas sobre a Psicologia Política. *In:* SANDOVAL, S. A. M.; HUR, D. U.; DANTAS, B. S. A. (ed.). **Psicologia Política**: temas atuais de investigação. Campinas: Alínea, 2014. p. 13-24.

SANDOVAL, S.; SILVA, A. O modelo de análise da consciência política como contribuição para a psicologia política dos movimentos sociais. *In*: HUR, D. U.; LACERDA, F. Jr. (org.). **Psicologia, política e movimentos sociais**. Petrópolis: Vozes, 2016.

SANTOS, N. MP pede remoção de post em que Jean Wyllys chamou Eduardo Leite de "gay com homofobia". **Estado de São Paulo**, São Paulo, 22 jul. 2023. Disponível em: https://www.estadao.com.br/politica/ministerio-publico-r-s-jean-wyllys-remocao-post-governador-eduardo-leite-homofobia-nprp/. Acesso em: 1 ago. 2023.

SEGATA, J. A caixa preta da etnografia no ciberespaço. *In*: REUNIÃO BRASILEIRA DE ANTROPOLOGIA, 29., Natal. **Anais** […]. Natal: RBA, 2014. v. 1. Disponível em: http://www.29rba.abant.org.br/resources/anais/1/1401633868_ARQUIVO_Artigo. ACaixaPretadaEtnografia.pdf. Acesso em: 8 out. 2022.

SCHELER, M. **Ressentiment**. Wiscons: Marquette University Press, 2007.

SCHROEDER, R. **Social theory after the Internet**. Londres: UCL Press, 2018.

SILVA, J. M. da. **Raízes do conservadorismo brasileiro**: a abolição na imprensa e no imaginário social. 2. ed. Rio de Janeiro: Civilização Brasileira, 2017.

SOLANO, E. G. **O ódio como política**: a reinvenção das diretas no Brasil. São Paulo: Boitempo, 2018.

TRINDADE, A. D. O pensamento conservador e a formação do povo no Brasil. **Ciência & Trópico**, Recife, v. 25, n. 2, p. 301-314, 1997.

TILLY, C.; STINCHCOMBE, A. L. **Roads from past to future**. Lanham: Rowman & Littlefield, 1997.

TILLY, C. **Regimes and repertoires**. Chicago: University of Chicago Press, 2006.

TILLY, C. **Contentious Performances**. New York: Cambridge University Press, 2008.

TURNER, J.H.; STETS, J.E. **The Sociology of Emotions**. New York: Cambridge University Press, 2005.

VALVERDE, M. E. G. L. **Militância e poder**: balizas para uma genealogia da militância. 1986. Dissertação (Mestrado em História) – Universidade Estadual de Campinas, Campinas, 1986. Disponível em: http://repositorio.unicamp.br/jspui/handle/REPOSIP/278998. Acesso em: 22 fev. 2023.

WALBY, S. **Theorizing Patriarchy**. Oxford: Blackwell, 1990.